창업가 수업

일러두기

· 이 책은 〈한겨레〉의 스타트업 창업자 인터뷰 '최민영의 혁신 탐구생활'을 바탕으로 썼다.
· 인터뷰는 2020년 6월부터 2021년 9월까지 진행되었다.

오늘보다 내일이 더 기대되는 스타트업 17

창업가 수업

최민영 지음

생각의힘

장인성

우아한형제들 Chief Brand Officer, 《마케터의 일》 저자

인터뷰이에 반가운 분들도 있고. 궁금한 회사들도 있어서 단숨에 읽었다. 제목은 '창업가 수업'인데 가장 많이 나온 단어는 아마도 '실패'일 것이다. 이렇게 많은 실패 이야기를 읽어 본 적이 없다. 실패하지 않으려면 가만히 아무것도 하지 않으면 된다. 하지만 그 인생은 높은 확률로 실패한 인생이겠지. 해 보는 사람이 실패도 하고 성공도 한다. 창업가란 실패해도 계속 시도해 보는 사람들이 아닐까. 사람은 가까운 사람들을 닮는다는데. 뭔가 해 보고 싶은 사람이라면 이 책을. 17명의 창업가를 가까이 두고 자주 들춰 보기를 추천한다.

무과수

라이프 스타일 콘텐츠 & 커뮤니티 매니저, 《안녕한, 가》 저자

이 책의 가장 큰 핵심은 성공한 창업가가 되기 위한 방법이 아닌 힘든 시간을 어떻게 버텨 왔는지에 대한 '마음가짐'이다. 위기를 어떻게 헤쳐 나왔는지. 굳이 힘든 이 길을 왜 택했는지를 듣다 보면 이해와 응원을 넘어 감사한 마음이 든다. 세상에 도움이 되는 무언가를 만들기 위해 자신의 인생을 바치는 사람들이 여기 있다. 우리들의 삶을 조금 더 나은 방향으로 이끌기 위해 애쓰는 사람들이 이 책에 있다. 책을 다 읽고 나서는 이런 생각이 들었다. 나는 어떤 문제를 해결할 수 있을까.

IT 브랜드 마케터, 《기록의 쓸모》, 《별게 다 영감》 저자

이승희

'생각'이라는 사전적 정의를 보면 '사물을 헤아리고 판단하는 작용. 어떤 일을 하고 싶어 하거나 관심을 가짐 또는 그런 일'을 뜻한다. 끊임없이 생각을 하고 공부를 하는 것은 세상의 해상도를 높이는 일이라고 했던가. 새로운 것에 도전하고 무언가를 만들어서 끊임없이 실행하는 창업가들을 보면 저들은 남들과 어떤 다른 '생각'을 가졌는지 문득 궁금해진다. 다른 생각을 하는 사람들은 어떻게 생각을 하길래. 어떤 계기가 있었길래 새로운 것들을 만들어 내는 것일까. 하지만 이들의 생각은 쉽게 알 수는 없다. 그들의 생각은 이제 돈이 되기 때문이다. 그런데 감사하게도 커피 세 잔 값만 지불하면 17명의 생각을 들여다볼 수 있는 책이 나왔다. 심지어 요즘 제일 흥미로운 다양한 업계의 스타트업 대표들의 생각이다. 우리의 뇌를 자극하는 17개의 다른 생각값을 가진 창업가들의 생각을 놓치지 마시길 바란다. 여러분들에게도 세상의 해상도와 생각값을 올릴 수 있는 좋은 기회가 될 것이다.

차 례

프롤로그

회사 생활 5년. 일을 하면서 새삼 깨닫게 된, 저도 몰랐던 제 모습이 있습니다. 생각보다 일 욕심이 많다는 점입니다. 일을 잘하고 싶었고, 재미있고 새로운 일을 끊임없이 찾았고, 그렇게 일을 통해 성취감을 느끼는 것이 좋았습니다. '받은 만큼만 일하자, 워라밸이 최고', '수십 년 동안 월급을 한 푼도 안 쓰고 모아 봤자 집 한 채 마련하기 어려우니 일은 대충, 주식·코인·부동산이 답이다'라는 이야기에 많은 이들이 공감하며 열광하는 현실도 물론 잘 알고 있습니다. 하고 싶은 일, 그 재미있는 일을 마음 편히 하려면 어느 정도의 물적 토대를 갖추는 것이 중요하다는 사실 역시 월급쟁이 생활을 하면서 알게 됐으니까요.

하지만 그럼에도 불구하고 '돈 그 자체'를 불리는 일은 어쩐지 흥미가 없었습니다. 그보다는 한 번 지나가면 다시는 돌아오지 않는, 하루 24시간 중 가장 큰 덩어리인 '일 하는 시간'을 의미 있게 보내고, 일을 통해 스스로를 성장시키는 방법은 무엇일까 고민하는 일이 제겐 훨씬 즐거웠습니다. 젊은이가 가진 유일하고도 강력한 무기인 '시간'이라는 자원을 돈으로 환산할 수 없는 가치를 만드는 데 쓰고 싶었습니다. 물론 그 방법은 잘 몰랐습니다. 회사를 다니면서 나름대로 다양한 고민을 하고 여러 가지 시도를 해 봤지만 좌충우돌, 헛발질을 반복하기 일쑤였습니다.

이 책의 시작이었던 〈한겨레〉의 스타트업 창업자 인터뷰 코너 '최민영의 혁신 탐구생활'도 그랬습니다. 신문사에서는 현장 기자들에게 기획기사를 발제하라는 지시가 일상적으로 이뤄집니다. 2020년 6월 넘치는 의욕 하나로, 경제산업 분야에서 가장 뜨거운 사람들인 스타트업 창업자들을 만나 보겠다며, 종이신문이 아닌 디지털 기반의 인터뷰 코너를 시작했습니다.

비록 시작은 막연했지만, 첫 인터뷰이였던 크라우드 펀딩 플랫폼 '텀블벅' 창업자 염재승 대표는 창업자들의 기록이 어떤 의미를 가질 수 있는지 그 가치를 몸소 보여 줬습니다. 대학에서 영화를 전공하면서 늘 제작비를 고민했던 염 대표는 2011년 당시 우리나라에서는 낯선 개념이었던 '크라우드 펀딩'이란 방식으로 제작비를 마련하는 아이디어를 떠올렸습니다. 자신이 처한 문제를 남들이 시도해 보지 않은 방식으로 풀어 보고자 하는 아이디어, 그 생각을 현실로 만들어 가고자 세웠던 계획, 그 과정에서 마주쳤던 수많은 난관을 하나씩 넘어서고, 결국 변화와 성장을 이룩해 낸 이야기. 이것은 스타트업 창업을 꿈꾸고 있는 이들과 자기 자리에서 열정적으로 일하고 싶은 2030 MZ세대라면 누구나 알고 싶은 이야기였습니다.

2020년 6월부터 2021년 9월까지 1년 4개월 동안 스타트업 창업자 17명을 만났습니다. 인공지능, e커머스, 헬스케어, 모빌리티 등 다양한 분야에서 새로운 기술과 서비스를 만들었거나 처음으로 오프라인 기반의 산업을 온라인으로 전환하는 시도를 했던 사람들입니다. 똑똑, 문을 두드리자 창업가들은 사업을 싹틔우고 키워 가는 과정에서 겪은 고민과 좌절 그리고 성취를 들려줬습니다. 그 속에는 아이디어를 현실로 만들어 가는 '혁신가의 생각법'이 고스란히 담겨 있었습니다. 새로움, 변화, 혁신을 성공적으로 만든 창업가들에게는 결과적으로 커다란 경제적 이득도 따랐습니다. 실패를 경험한 이들도 있지만, 실패는 끝이 아닌 또 다른 시작을 위한 밑거름이 되었습니다.

누구를 만나야 할지 17번의 '픽'을 할 때는 창업자의 다양성까지도 고려했습니다. IT 스타트업 창업자는 남성, 명문대 출신, 판교 IT 기업 재직 경험이 있는 경우가 많습니다. 어린 시절부터 학업 등에서 성과가 좋았던 사람이 뛰어난 역량을 토대로 스타트업 창업에서도 좋은 결과를 낼 확률이 높을 테니까요. 이 책에 나온 창업자의 상당수도 그렇습니다. 하지만 창업자의 다양성을 확보해야 한다는 목소리를 빠뜨릴 수 없었습니다. 여성 창업자는 물론, 명문대를 졸업하지 않았거나 서울이 아닌 지방에서 창업을 한 사람들도 최대한 만났습니다. 뭔가 시작하고 싶어도 롤 모델로 삼을 선례가 상대적으로 적은 사람들에게 조금이나마 보탬이 되고 싶었습니다.

스타트업은 경제 영역에서 가장 젊고, 빠르게 성장하며, 주목받고 있는 현장입니다. 그래서 돈도 사람도 여기에 몰립니다. 2020년 초 시작된 코로나 19 팬데믹은 불평등과 양극화를 심화시키면서 수많은 '마이너스의 숫자'를 만들어 냈지만 IT 스타트업은 나홀로 '플러스 플러스 플러스' 행진을 이어 가고 있습니다. 코로나 19 이후 우리가 살아갈 세상은 코로나 이전과는 결코 같을 수 없을 것이라고 합니다. 비대면 일상이 사회 전반에 굳건히 자리 잡을 것이고, 건강과 환경에 대한 관심도 더 커질 것이기 때문이지요. 코로나 이전부터 진행되어 오던 '디지털 전환'과 같은 변화는 그 속도가 더욱 빨라질 것으로 예상됩니다. 이런 움직임을 남들보다 빠르게 포착하여 민첩하게 변화를 만드는 혁신의 맨 앞줄에 스타트업 창업자들이 있습니다.

세상의 변화에 어떻게 대응하면서 살아야 할까? 너무나 궁금하지만 누구도 쉽게 답을 주지 못하는 질문입니다. 직장 생활 5년 차, 커리어와 미래를 고민하게 되는 그 시기에 저 역시 '일', '변화', '성장'이라는 화두를 붙들고 치열하게 고민했고, 기자라는 직업 덕분에 감사하게도 혁신의 일선에 있는 스타트업 창업자들에게서 '먼저 경험해 본 이야기'를 들어 볼 수 있었습니다. 2030 MZ 세대는 스타트업의 구성원으로서 혁신의 한 축을 맡을 수도, 몇몇은 직접 스타트업을 창업해 혁신의 맨 앞줄에 설 수도 있을 것입니다. 각자의 자리에서 저마다 그리는 미래를 만들어 가는 여정에 이 책이 하나의 길잡이가 되기를 바라며, 혁신가들의 도전과 성취의 기록을 나눕니다.

1장

다가올
미래를
설계하는
사람들

인공지능 신대륙을 개척하는
보이저엑스

― 남세동

남세동 대표는 인턴 신분으로 웹 기반 채팅 서비스 '세이클럽'을 만들어 대박을 내고, 누적 다운로드 5억 회를 돌파한 카메라 앱 'B612'를 개발한 천재 개발자로 알려져 있다.

인공지능 기술로 일상을 편리하게 바꾸는 서비스를 고민합니다

오늘날 인공지능은 인간의 일을 대신하고, 인류의 삶을 바꿀 기술로 각광받고 있다. 전 세계 크고 작은 수많은 기업들은 너나 할 것 없이 더 뛰어난 인공지능 기술과 서비스를 내놓으려고 치열하게 경쟁하고 있다. 2017년 남세동(1979년생) 대표가 창업한 **보이저엑스**도 그중 하나다. 이 회사는 인공지능 기술을 활용한 모바일 스캐너 앱 **브이플랫**(vFlat), 자동으로 영상 자막을 달아 주는 서비스 **브루**(vrew), 저렴한 가격을 받고 손글씨를 폰트로 만들어 주는 **온글잎**을 내놓았다. 또 게임 회사 **크래프톤**과 함께 '인공지능의 인공지능'이라 불리는 초거대 인공지능 모델도 개발하고 있다.

보이저엑스를 창업한 남세동 대표는 1998년 대학생 인턴 신분으로 일하던 **네오위즈**에서 **세이클럽** 개발을 주도하며 주목받았다. 이후 '천재 개발자'라는 별명으로 불리면서 20년 동안 압도적인 개발자 경력을 쌓았다. 이제는 사업가로 변신한 그에게 앞으로 어떤 인공지능 기술과 서비스를 만들고 싶냐고 묻자 "기술과 서비스에는 별 관심이 없다"는 의외의 답변이 돌아왔다. 대신 "좋은 인재와 좋은 조직을 키우는 데 더 집중하고 있다"고 말했다.

"보이저엑스의 가장 중요한 가치는 인재육성"이라며 "기술이나 공부가 아니라, 좋은 사람, 좋은 조직이 많다면 그만큼 좋은 서비스도 많이 나올 것"이라는 게 그의 지론이었다. 인공지능 기술 개발보다 조직문화를 더 많이 고민하는 인공지능 회사를 만들게 된 이야기를 서울 서초동 보이저엑스 사무실에서 남 대표를 직접 만나 들어 봤다.

초등학교 방과 후 활동으로 시작한 프로그래밍이 천직이 되다

남세동 대표가 프로그래밍을 처음 접한 때는 서울 영신초등학교 4학년이던 1988년이었다. 컴퓨터반 방과 후 활동을 하던 친구들에게서 '텔레비전에 내 이름이 나오는 기계가 있다'는 말을 들으면서였다.

키보드로 내 이름을 치면 이름이 나오고, 네모를 그리면 네모가 나오는 게 너무 신기했어요. 주사위를 굴리면 말이 움직이는 간단한 게임도 만들면서 프로그래밍을 처음 접했습니다. 컴퓨터에 흥미를 느낀 덕에 수학과 영어를 비롯한 학교 공부에도 재미를 붙였죠.

학창 시절 내내 좋은 성적 거뒀던 그는 충남과학고를 거쳐 1996년 카이스트 전산학과에 입학했다. 대학에 입학할 때까지 그의 꿈은 학자가 되는 것이었다. 하지만 카이스트에서 자신보다 더 뛰어나 보이는 수많은 천재들을 보면서 공부보다는 일을 해 보는 쪽으로 방향을 바꿨다. 전산학과 컴퓨터 동아리 선배였던 장병규 크래프톤 이사회 의장이 창업한 네오위즈에서 인턴을 하면서 본격적인 개발자 커리어를 쌓기 시작했다. 그 당시 네오위즈는 창업 초기에 동아리방을 빌려서 사무실로 썼는데, 이때 개발했던 채팅 서비스가 세이클럽으로 발전해 그야말로 대박이 났다.

원래 네오위즈의 주력 상품은 '원클릭'이라는 인터넷 종량제 접속기였어요. 하이텔, 천리안 같은 정액제 인터넷에 가입하지 않아도, 컴퓨터에 CD를 넣으면 저렴한 요금으로 인터넷을 할 수 있는 장치죠. 네오위즈는 원클릭으로 한차례 대성공을 거뒀습니다. 그때 원클릭 이용자들이 인터넷에서 뭘 하나 들여다보니, 사업화할만한 아이템 중에는 채팅을 가장 많이 하고 있더라고요. 여기서 힌트를 얻어 원클릭 채팅 서비스를 내놓았고, 이후 좀 더 발전시켜서 세이클럽이 탄생했습니다.

세이클럽이 크게 성공하면서 인생의 방향이 완전히 바뀌었다고 남 대표는 말했다. 네오위즈가 그다음으로 집중했던 검색엔진 사업 **첫눈**도 성공했다. 첫눈은 장병규 크래프톤 의장이 네오위즈의 검색팀을 이끌고 나와 새로 만든 회사에서 개발한 토종 검색엔진이다. 2005년 출시 당시부터 뛰어난 기술력으로 주목받았는데 이듬해인 2006년 네이버를 운영하던 NHN에 인수됐다. 이때 남 대표도 네이버로 자리를 옮겼는데, 2015년까지 네이버에서 일하면서 전 세계에서 5억 회 이상 다운로드를 기록한 카메라 앱 **B612**도 개발했다. 개발자로 경력을 쌓는 내내 연이어 히트 상품을 개발한 비결은 무엇일까. 어떤 기준으로 개발 아이템과 프로젝트를 정했냐고 묻자 남 대표는 "예전에도, 지금도, 만들고 싶은 서비스는 없는 것이나 마찬가지"라고 말했다.

원클릭 채팅은 당시 네오위즈가 워낙 바빠서 일손이 없어서 제가 개발을 맡았고, 첫눈도 회사의 방향에 동의해서 따랐어요. 카메라 앱 개발도 셀피가 유행하기 시작한 흐름을 포착한 회사의 방침으로 정해진 것이었죠. 저는 그저 사람들이 좋아하는 것이라면 무엇이든 만들고 싶었습니다. 요리로 치면 최고의 짜장면을 만들겠다는 생각보단, 좋은 재료를 쓰고 적절히 간을 맞춰야 한다는 기본기를 바탕으로 어떤 음식이든지 사람들이 원하는 요리를 내놓고 싶은 거죠. 예전부터 지금까지도 이 생각에는 변함이 없습니다.

없으면 못 사는 편리함을 주는
인공지능 서비스를 내놓습니다

보이저엑스가 현재 운영 중인 서비스는 브이플랫, 브루, 온글잎 등 세 가지이다. 그동안 20여 개 서비스를 내놓고, 수정하고, 철수하는 과정을 반복하면서 살아남은 서비스다. 브이플랫은 스마트폰으로 사진을 찍으면 휘어진 책도 자동으로 평평하게 만들어 전문 스캐너를 거친 것 같은 PDF 파일을 만들어 낸다. 2021년 6월 기준으로 월 이용자수(MAU)는 100만 명 정도이다. 브루는 동영상의 음성을 인식해 초벌 자막을 대신 써 줘서 영상 편집을 돕는 프로그램이다. 온글잎은 손글씨로 200글자만 쓰면 자동으로 저렴한 가격에 폰트를 만들어 준다. 모두 인공지능을 활용했다. 남대표는 세 서비스의 가능성을 이렇게 설명한다.

브이플랫은 세상의 모든 스캐너를 대체하는 날을 꿈꾸고 있습니다. 사무실에서 종이를 본뜰 때 사용하는 스캐너는 물론이고 3차원 스캐너까지도 포함합니다. 브루는 파워포인트를 대체할 것으로 예상하고 있습니다. 그동안 파워포인트로 만들었던 각종 발표 자료를 앞으로는 영상으로 제작할 것 같아요. 영상 편집 수요가 폭발할 때 프리미어보다 쉽게 사용할 수 있는 편집 도구가 필요할 텐데, 그 자리를 브루가 노리고 있습니다. 온글잎은 아직 존재하지 않는 손글씨 폰트 시장을 테스트하는 중입니다. 손글씨 폰트 시장이 없는 이유는 수요가 없거나 가격이 너무 비싸기 때문일 것 같아요. 지금은 한글 손글씨 폰트를 한 세트 개발하려면 수천만 원이 들지만, 인공지능을 활용해 이 가격을 10만 원까지 낮추는 게 목표입니다.

인간을 대체할 기술로 꼽히는 인공지능을 활용해 스캐너와 자동 자막 같은 '사소한' 서비스를 내놓은 이유를 묻자, 남 대표는 "결코 사소한 서비스가 아니다"고 잘라 말했다.

인공지능이라고 하면 으레 하늘을 나는 자동차나 인간을 대체하는 로봇을 생각하곤 합니다. 하지만 우리가 매일매일 얼마나 많은 문서와 영상을 보면서 살고 있는지를 떠올려 보면 결코 사소한 규모가 아닙니다. 네이버에서 카메라 앱 B612를 만들 때도 그랬습니다. 앞으로는 카메라를 따로 쓰기보다는 스마트폰에 흡수될 것이라고 예상했는데, 그 일이 현실로 나타나고 있으니까요.

보이저엑스는 조만간 미용실에 가기 전에 사용하는 '헤어스타일 예상' 서비스와 '회의록 정리 및 회의 진행 소프트웨어'도 내놓을 예정이다. 두 서비스 역시 매일 전 세계에서 이뤄지는 미용 시술과 회의 규모를 고려하면 매우 큰 규모의 시장에 도전하는 것이다.

이런 서비스들의 바탕이 되는 기술인 인공지능 분야에 남 대표가 관심을 갖게 된 계기는 2016년 3월 **알파고**를 접하면서였다. 개발자 경력이 20년쯤 되면서 더 이상 신기한 프로그래밍이 없다는 생각이 들 즈음, 알파고와 이세돌의 대국을 보면서 다시 "완전한 호기심 상태"로 돌아갔다고 남 대표는 말했다.

건축에 비유하자면 그동안 5~10층짜리 집은 정말 많이 지었고, 30층짜리도 지어 봤어요. 100층짜리 건물을 보더라도 별로 신기하다는 생각은 안 들던 때였죠. 몇 층짜리 건물이든 집을 짓는 원리는 비슷하거든요. 그런데 인공지능은 완전히 다른 차원이었어요. 당시 알파고는 볼품없는 단층 주택이었지만, 집에 발이 달려서 쉴 새 없이 움직이거나 화장실 위치가 수시로 바뀌는 집처럼 느껴졌거든요. 대국이 있을 당시, 데미스 허사비스(Demis Hassabis) 구글 딥마인드 최고경영자가 카이스트에서 강연을 하면서 보여 준 '벽돌깨기 게임을 하는 인공지능'은 저처럼 평범한 개발자의 상식에서는 이해하기 어려운 기술이었어요. 그때부터 호기심이 생겨서 지금까지 연구를 이어 오고 있습니다.

연구·개발보다 조직문화를
더 많이 고민하는 보이저엑스

남 대표는 20여 년 동안 개발자로 일하다가 2015년 마지막 직장이었던 네이버를 퇴사하고 2년 뒤 보이저엑스를 창업했다. 네이버에서도 새로운 서비스를 충분히 개발할 수 있었을 텐데 왜 굳이 창업을 했을까.

네이버는 이미 멋진 회사이고 이보다 더 근사한 회사를 찾기 는 힘들어요. 하지만 저는 네이버보다 훨씬 더 자율적인 회 사를 원했습니다. 사람들을 편리하게 해 주지만 아직은 시기 상조라거나 '그건 안 된다'고 하는 서비스, 지금은 많은 사람 들이 고개를 가로젓지만 시간이 좀 더 흐르고 나면 사람들의 상식 자체를 바꿀 수 있는 변화를 만들고 싶었습니다. 이를 이루려면 네이버보다 훨씬 더 수평적이고 자율성이 보장되 는 회사가 필요했습니다. 그리고 이런 일이 가능한 곳이 스 타트업이었습니다.

남 대표가 생각하는 스타트업이란 '실패가 기본값'인 어렵고 도전적 인 일을 하는 회사다. 대기업이 전형적이고 규모가 커다란 일을 잘한다 면, 반대로 스타트업은 성공 확률이 낮은 모난 일을 잘해야 하는 회사라 는 게 그가 내린 스타트업의 정의이다.

이미 덩치가 큰 조직은 다 알고 있으면서도 못하는 일들이 많거든요. 가령 2010년대 초중반만 해도 유튜브 콘텐츠는 질 낮은 영상으로 치부됐습니다. 하지만 이젠 그렇게만 보기 어렵죠. 그렇다고 해서 지상파 방송국이 무작정 유튜브처럼 먹방 콘텐츠를 만들 수도 없는 노릇입니다. 이처럼 분명히 의미 있는 일이지만 규모가 큰 전통적인 조직들은 못하는 일이 각 분야에 쌓여 있습니다. 일반적이고, 똑똑하고, 좋은 회사들이 못하는 일에 도전해서 사람들의 고정관념을 깨는 것이 스타트업이 할 일이죠. 이런 일을 잘하려면 조직문화와 사람이 매우 중요하다는 것을 개발자 생활을 거치며 배웠습니다.

그래서 남 대표가 회사를 운영하면서 가장 고민하는 점은 "어떻게 하면 직원들에게 일을 안 시킬까?"이다. 바꿔 말하면 직원들이 자발적으로 고민하고 아이디어를 던지고 그것을 스스로 구체화하도록 자율성을 극대화하는 환경을 만드는 고민을 하고 있다는 얘기다.

성공하기 어려운 일을 하는 게 스타트업의 숙명이다 보니 대부분의 스타트업은 끊임없이 도전을 받습니다. 정부, 동료 직원, 옆 회사, 투자사로부터 '그게 되겠느냐' 하는 도전을 받죠. 이를 넘어서는 것은 누가 시켜서 할 수 있는 일이 아닙니다. 잘 될 거라고 믿고, 미쳐서 해야 합니다. '인센티브 더 줄게'라고 한두 번은 넘어갈 수 있지만, 시켜서 하는 일은 그 이상은 어렵습니다. 그렇기 때문에 일을 안 시키기 위해서 최대한 노력하고 있어요.

보이저엑스가 서비스를 개발할 때 고려하는 원칙은 크게 세 가지다. 사용자, 팀워크, 성장. 서비스를 사용하는 사람을 생각하지 않고(사용자), 함께 일하는 동료를 생각하지 않고(팀워크), 서비스를 더 큰 범위에서 성장시킬 생각을 하지 않고(성장) 개발하는 경우를 너무 많이 봐서 세우게 된 원칙이다.

개발자가 만들고 싶은 서비스가 아니라 사용자가 원하는 서비스를 내놓는 것이 중요합니다. 또 자기가 맡은 일을 훌륭히 해내고 싶은 만큼, 함께 일하는 동료도 존중해야죠. 최고 품질의 서비스를 만들어 글로벌 시장에서도 성공시키겠다는 꿈도 꿀 수 있어야 합니다. 최고의 김밥을 만들겠다는 생각과 삼각 김밥을 만들어 전국의 편의점에 뿌리겠다는 생각은 대개 충돌합니다. 하지만 양립할 수 있는 방법을 잘 찾아서 성장할 줄 알아야 합니다. 이렇게 사용자, 팀워크, 성장의 싱크가 동시에 맞아떨어지면 그다음 일은 잘될 수밖에 없습니다.

보이저엑스는 회의에서 모두가 반대하는 아이템뿐만 아니라 모두가 찬성하는 아이템도 개발하지 않는다는 독특한 원칙도 갖고 있다.

보이저엑스 직원들은 개발하고 싶은 주제가 생기면 회의 시간에 다 같이 논의합니다. 너무 말이 안 되는 주제는 당연히 회의를 통해 개발하지 않기로 결정하지만, 반대로 너무 말이 되고 모두가 동의하는 주제도 개발하지 않습니다. 이렇게 말이 되는데 아직까지 아무도 안 하고 있다면 분명히 우리가 인지하지 못한 다른 문제가 있을 테니까요. 현재 보이저엑스가 운영하는 서비스들은 10명 중 절반은 반대하고 절반은 해 볼 만하다고 봐서 만든 것들입니다.

선배들 말은 절반만 받아들이고, 내 모든 것을 걸고 창업에 임해야 한다

남 대표가 보이저엑스를 통해 이루고 싶은 목표는 자신이 생각하는 '좋은 회사'를 직접 만들어서 보여 주고, 한국 사회에 비슷한 회사가 더 많이 생기도록 하는 것이다. 남 대표가 스타트업의 조직문화와 기술 개발에 대해 활발하게 페이스북에 글을 쓰는 이유도 한국 사회에 좋은 회사를 더 많이 공급하는 방법을 찾기 위한 활동의 일환이다.

지금까지 보이저엑스는 서비스 런칭, 투자 유치, 직원 채용 등 모든 부분에서 대체로 순항하고 있지만, 2017년 4월 창업을 준비하는 과정에서 한 차례 투자 파기 사건을 겪었다. 게임 회사 위메이드가 2017년 1월 100억 원 상당의 투자를 약속했지만 하루아침에 일방적으로 약속을 뒤집어 구설에 올랐다. 남 대표는 이 일을 페이스북에 공개했고 보이저엑스의 이름이 알려지는 계기가 됐다.

시작하자마자 크게 깨지면서 배운 것도 많아요. 당시엔 하늘이 무너지는 것 같았지만 냉정하게 따져 보니 투자는 종종 깨지기도 하고, 한 투자가 깨지면 다른 투자자기 나타나기 마련이더라고요. 큰일을 겪으면서 저와 회사의 이름이 알려지다 보니 규모가 작은 스타트업인데도 업계에서 인플루언서처럼 목소리를 낼 수 있게 됐죠.

이제는 사업가가 된 남 대표가 후배 창업자들에게 전하는 첫 번째 조언은 "선배들 말을 듣지 마라"다.

보이저엑스 직원들이 지켜야 규칙 중 '룰룰'이라는 것이 있어요. 룰이라고 무작정 따르지 않고, 존재하는 룰도 언제든 폐기될 수 있다는 것이죠. 룰보다 중요한 게 일을 잘하는 거고, 이 원칙에 안 맞는 룰은 언제든지 폐기해도 된다는 겁니다. 여기서 폐기해도 되는 내용에는 당연히 제 이야기도 포함됩니다. 선배들의 조언은 도움이 되지만 과거의 경험일 뿐이니 앞으로 해야 하는 새로운 일에는 큰 도움이 되지 않습니다. 그러니 제 경험도 절반만 들어주세요.

사업을 시작하기 전에 내가 어디까지 감당할 수 있는지 도전의 크기를 따져 봐야 하는 점도 중요합니다. 창업을 하면 돈, 경력, 친구 등 지금 갖고 있는 수많은 것을 잃게 됩니다. 실패하고 잃는 것이 기본값인데, 돈은 얼마까지, 경력은 어디까지 잃어도 괜찮은지 생각해 보고, 자신이 생각한 범위 안에서는 다 잃을 각오로 임해야 한다는 이야기를 하고 싶습니다.

지구를 위한 식물성 고기
지구인컴퍼니

─── 민금채

민금채 대표는 재고 농산물 문제를 풀고자 지구인컴퍼니를 창업했다.
지금은 대체육을 개발하며 지속 가능한 먹거리 'K-비건 푸드'를 만들고 있다.

오늘 뭐 먹지? 고민할 때,
대체육을 떠올릴 수 있었으면

동물을 도축한 고기가 아닌, 식물성 원료로 만든 '대체육'에 대한 관심이 전 세계에서 뜨겁다. 대체육은 고기의 기능만을 대신하는 콩고기에서 한발 더 나아가, 실제 고기와 유사한 식감과 풍미까지 즐길 수 있는 고기다. 대표적인 대체육 기업은 식물성 원료로 햄버거 패티를 만들어 나스닥에 상장한 미국의 스타트업 **비욘드미트**가 있다. 2020년 코로나19 팬데믹과 이상 기후를 겪으며 건강한 생활 방식에 대한 관심이 커졌고, 우리나라도 대체육 제조와 판매에 뛰어드는 기업이 늘고 있다.

민금채(1979년생) **지구인컴퍼니** 대표도 그중 한 사람이다. 민 대표는 2018년 미국 출장 중 '임파서블버거'의 소고기 패티를 먹어 보고 대체육 개발에 뛰어들었다. 이후 2019년 아시아인의 식습관에 맞도록 슬라이스 형태의 대체육을 주력으로 생산하는 브랜드 **언리미트**를 내놓았다. 언리미트는 미국 · 홍콩 · 중국 등 6개 나라에 수출을 하고 있고 **오뚜기, 매드 포갈릭** 등 국내 식품기업 25곳에 납품도 하고 있다.

하지만 민금채 대표가 처음부터 식품 사업에 뜻이 있던 건 아니었다. 20살, 변호사 사무실의 비서로 첫 밥벌이를 시작해 유치원 교사와 기자를 거쳐, IT 기업의 콘텐츠 프로듀서와 마케터, 기획자에 이르기까지 다양한 직업을 경험한 뒤 지금에 이르렀다. 여러 직업을 거치면서 그는 "혼자만 돈을 버는 일이 아니라 다른 사람도 함께 잘되고, 무엇보다 사회에 보탬도 되는 일"을 찾았다. 그가 창업한 푸드테크 스타트업 지구인컴퍼니가 답인 셈이다.

곡물 재고의 재탄생을 고민하다 접한 대체육 버거에서 얻은 아이디어

지구인컴퍼니는 재고 농산물 문제를 푸는 것을 목표로 하는 스타트업으로 2017년에 출발했다. 창업 초기에 민 대표는 쌀이나 현미 등 남는 곡물을 활용해 어떤 가공식품을 만들 수 있을지 고민했다. 2018년, 이 질문에 대한 답을 찾고자 떠났던 미국 출장에서 우연히 대체육을 처음 접했다. 그저 맛집 대표 메뉴인 줄 알고 먹었던 '임파서블버거'의 소고기 패티가 대체육이란 사실을 알고 깜짝 놀랐다.

의심의 여지없이 고기인 줄 알았던 패티가 쌀 단백질, 감자,

강낭콩 뿌리 추출물을 활용해 만들어졌다니! 남는 쌀로 만들었던 요거트, 쉐이크, 스무디의 판매 성과가 나지 않아서 고민하던 때, 곡물을 활용해 고기를 만들 수도 있다는 아이디어를 처음 얻었습니다.

스테이크와 버거를 일상적으로 먹는 미국에서는 임파서블버거, 비욘드미트 같은 기업이 패티 형태의 대체육을 주로 개발한다. 민 대표는 이들 기업과 직접 맞붙기보다는, 아시아인의 식습관과 입맛에 맞는 대체육을 개발하기로 방향을 잡았다.

불고기에 적합한 슬라이스 고기처럼 아시아인이 즐겨 먹는 요리에 잘 맞는 형태로 대체육을 개발하자는 전략을 세웠어요. 서양인도 아시아 요리를 즐겨 먹으니까요. 아직 눈에 띄는 아시아의 대체육 기업도 없었고요. 똑같이 패티를 만들어서 비욘드미트를 이기기보다는 우리 곡물을 활용해 '아시아 1등 식물성 고기 회사'가 되는 쪽이 훨씬 유리하다고 판단했죠.

2018년 우리나라는 대체육 불모지였다. 대체육에 대한 이해도 부족했지만 지금도 고기를 먹지 않는다고 하면 '까탈스럽게 군다'는 타박을 듣기 쉽다. 체질 혹은 신념 때문에 고기를 안 먹는 사람들이 먹을 수 있는 것은 콩고기가 전부였다. 이런 상황에서 민 대표는 무슨 확신으로 대체육 개발에 뛰어들었을까.

내가 지금 하려고 하는 일이 옳은 방향이라는 확신이 있었어요. 시장과 소비자를 설득하는 것은 당연히 어려울 테고 기술 개발을 하는 데도 시간이 꽤 소요되겠지만, 성공하면 큰돈을 벌 수 있고 동시에 사회적으로도 의미 있고 환경 보호에도 도움이 되는 일이니까요. 이 방향은 옳으니 꼭 해낼 거라는 저 자신에 대한 확신을 갖고 뛰어들었습니다.

마장동 한우와 같은 맛을 내는
대체육을 세상에 내놓겠다는 목표

민 대표는 미국 출장에서 돌아오자마자 대체육 개발에 뛰어들었다. 진짜 소고기 같은 식물성 대체육을 만드는 것을 목표로 삼았다. 서울 마장동 축산물 시장에서 소고기를 부위별로 사서 화장품 공병에 담고 이것과 똑같은 대체육을 만들어 달라며 백방으로 사람을 찾았다.

당시 우리나라에는 대체육을 접해 본 사람이 거의 없었어요. 개발해 줄 수 있는 사람들은 제게 '뭘 만들어 달라는 건지 모르겠다'고 했고, 저는 저대로 원하는 제품이 제대로 안 나오니 답답했어요.

식품기업 연구개발 본부장, 식품공학자, 영양학 박사를 찾아 헤매다 만난 '한 줄기 빛'은 현재 지구인컴퍼니의 기술연구소장을 맡고 있는 안태회 소장이다. 안 소장은 식품기업 오뚜기에서 기술연구소장을 지냈던 인물이다.

안 소장님은 제 고등학교 친구의 장인어른이기도 하세요. 혼자서 논문을 수백 편 읽으며 대체육을 개발할 방법을 찾다가 만나게 됐습니다. 안 소장님이 오뚜기에서 정년퇴직을 한 뒤 합류하면서 개발에 속도가 붙었습니다.

2019년 10월, 대체육 개발에 착수한지 1년 만에 **언리미트 1.0** 상품이 출시됐다. 현미, 귀리 등의 곡물과 아몬드, 캐슈넛 등 견과류를 활용해 만든 고기다. 하지만 첫 번째 언리미트는 출시 초기에 미국 수출을 타진하는 과정에서 제동이 걸렸다. 견과류 알레르기가 문제였다.

우리나라와 달리 해외에선 견과류 알레르기 문제가 매우 중요하더라고요. 수출을 하려면 꼭 풀어야 하는 문제였어요. 알레르기를 일으키는 견과류는 모두 빼고 **언리미트 2.0**을 다시 개발했습니다.

언리미트 2.0은 퀴노아, 렌틸콩, 병아리콩 같은 슈퍼푸드와 쌀 단백을 사용해 고기의 쫄깃한 식감이 느껴지게 하고, 효모 추출물과 버섯을 활용해 고기의 풍미를 더했다. 코코넛오일과 감자의 식물성 지방을 첨가

해 열처리를 했을 때 소고기의 맛과 향이 나도록 육즙까지 구현했다. 그렇게 다짐육(민스)과 패티를 만들어서 비트, 홍화 추출물로 고기의 색깔을 냈다. 언리미트 2.0은 국내에서 다양한 방법으로 접할 수 있다. 써브웨이는 언리미트 고기를 활용해 '얼터밋 썹' 샌드위치를 내놓았고, 도미노피자도 '식물성 미트' 피자를 출시했다. 편의점 CU의 채식 삼각 김밥, 도시락, 카페마마스의 식물성 샌드위치에도 언리미트의 대체육이 들어가고, 쿠팡, 배민 B마트, 마켓컬리, SSG 등 쇼핑몰에서 직접 구매할 수도 있다. 국내에서 대체육 소비는 여전히 걸음마 단계이지만, 소비자들의 손이 쉽게 닿을 수 있는 곳에 대체육은 이미 도착해 있다.

앞으로 내놓을 **언리미트 3.0**의 목표는 '차돌박이'다. 기존 언리미트 슬라이스 제품에 식물성 지방을 보완해 차돌박이와 유사한 마블링을 구현하는 쪽으로 개발이 한창 진행되고 있다. 진짜 고기와 최대한 비슷하게 만드는 것을 목표로 하다 보니, 현재 생산 중인 제품에는 재고 농산물이 거의 들어가지 않는다. 대체육을 만들면서 재고 농산물을 더 많이 사용하는 방안도 연구하고 있다.

쌀, 보리 등 국내에서 나는 곡물로만 고기를 만들면 고기가 아니라 메밀전이나 감자떡으로 느껴지는 상품이 나오거든요. 진짜 고기 같은 식감, 질감을 위해서는 수분 함량이 적은 곡물을 써야 해서 병아리콩, 렌틸콩 등을 더 많이 쓰고 있습니다. 하지만 미강과 들깻묵을 활용해 고기의 조직감을 만들고 영양 성분을 보충하는 등 앞으로 대체육에 재고 농산물

함량을 높이는 연구도 하고 있습니다.

창업 전까지 여섯 가지의 직업을 거치며
상생의 가치를 체득했다

민 대표는 지구인컴퍼니 창업 전에 무려 여섯 가지의 직업을 거쳤다. 대체육 개발과 전혀 관계없는 직업으로 밥벌이를 시작한 뒤, 혼자가 아닌 함께 잘되는 방법을 고민하면서 한 발 한 발 나아갔다고 그는 말했다.

시작은 변호사 사무실 비서였다. 민 대표가 수능을 치렀던 1997년 초 겨울, IMF 외환 위기가 터졌고 기아자동차에 재직했던 민 대표의 아버지는 명예퇴직, 어머니는 뇌졸중으로 쓰러졌다. 집안 형편은 기울었고 수능은 망쳤다. 수능 성적표가 나오기도 전에 담임 선생님을 찾아가 입시 상담이 아닌 취업을 부탁했다. 선생님은 극구 만류했지만 1년 동안 돈을 벌어서 재수를 하겠다는 민 대표의 고집을 꺾지는 못했다. 그런 민 대표에게 선생님은 자신의 친구 아버지가 운영하던 변호사 사무실 비서 자리를 소개했다. 고등학교를 졸업하기도 전에 비서로 밥벌이를 시작했다.

한 달 월급 50만 원을 차곡차곡 모아 종로의 재수학원을 다닐 계획으로 일을 하던 어느 날, 갑자기 사무실로 선생님이 찾아왔다. 선생님은 민 대표 몰래 야간대학 세 곳에 원서를 넣었고 모두 합격했다는 소식을 전해 줬다.

가난해서 돈부터 벌겠다는 선택을 할 수밖에 없는 사정은 이해되지만 그래도 대학은 꼭 갔으면 좋겠다는 생각을 떨칠 수 없어서 몰래 지원서를 냈다고 하셨어요. 셋 중 종로의 변호사 사무실과 가장 가까웠던 배화여대 유아교육과를 선택해서 야간대학을 다녔습니다. 선생님이 등록금도 내주셨죠. 저의 은인입니다.

유아교육과는 한 번도 생각해 본 적이 없었지만 만점에 가까운 학점을 받고 졸업했다. 부족한 등록금을 채울 장학금을 받기 위해서 절박하게 공부했다. 유아교육과 졸업 후 근무했던 유치원은 재미있었지만 지루했다. 2년 동안 동물원을 여섯 번 가고 운동회를 두 번 하고 나니, 3년째에도 똑같은 일을 반복해야 하나 싶어 가슴이 답답했다.

세상일에 관심이 많고, 사람을 만나는 게 좋고, 책 읽고 글 쓰는 일이 좋다고 하니 주변에서 기자를 해 보라고 하더라고요. 그 말을 듣고 2002년 9월, 단국대 신문방송학과로 편입했습니다. 학교를 다니면서 〈오마이뉴스〉의 시민기자 등을 비롯한 필드 활동을 병행했어요. 기자 일에 흥미를 느꼈고 꼭 해 보고 싶은 일이라는 결심이 섰습니다. 하지만 졸업 전 응시했던 신문사 채용에서 아쉽게도 모두 떨어졌고, 2004년 한 잡지사에서 기자 생활을 시작했어요.

기자로 일하면서 더러 흥미 있는 기사도 썼지만 연예인 열애설, 별거설과 같은 기사도 써야 했다. 그 일은 민 대표에게 큰 고역이었다.

누군가에게 상처를 줄 수밖에 없는 기사를 쓰는 게 힘들었어요. 보람을 느끼기도 어려웠죠. 한동안 번아웃 증후군(burnout syndrome)이 와서 일을 잠시 쉬고 미국에서 시간을 보내기도 했어요. 귀국 후 다른 잡지사로 옮기고 나서는 다행히 다시 일의 재미를 찾았어요. 특집 기사를 쓰거나 연예인이라는 콘텐츠를 활용해 비즈니스로 확장하는 일이 잘 맞았거든요.

연예인 인터뷰를 발전시켜서 책을 만들고 오프라인 행사를 기획하며 다시 잡지사 일에 흥미를 느낄 즈음, 회사에 흉흉한 이야기가 돌았다. 인쇄 매체의 소비 감소로 잡지사들의 폐간 이야기가 심심치 않게 나오는 상황이었고, 민 대표가 다니던 회사도 잡지들이 사라질 수 있다는 가능성이 거론되었던 것이다. 불안해하며 다음 직업을 고민하던 민 대표의 동료들은 대부분 홍보대행사로 자리를 옮겼다. 하지만 민 대표는 콘텐츠를 활용하는 일을 좀 더 해 보고 싶었다. 그러던 찰나 눈에 들어온 곳은 네이버와 카카오 같은 플랫폼 기업이었다.

2010년대 초반, 플랫폼 기업들은 **다음 스토리볼, 카카오페이지** 등 콘텐츠 서비스들을 활발히 내놓았다. 이런 서비스가 운영되려면 플랫폼을 채울 콘텐츠가 필수여서 플랫폼 기업들은 콘텐츠 프로듀싱 역량을 가진 이들이 필요했다. 민 대표는 잡지사 근무 경력을 살려 2012년 6월 다음 스토리볼의 콘텐츠 프로듀서로 입사했다.

이때 김봉진 배달의민족 창업자를 포함해 다양한 작가를 발굴했어요. 하지만 2014년 다음과 카카오가 합병되면서 다음은 검색만 남기고, 카카오와 겹치는 서비스 대부분을 접었어요. 다음 스토리볼도 카카오페이지를 남기면서 사라졌죠. 저는 카카오톡 선물하기의 마케팅 팀장으로 자리를 옮겼습니다.

인생을 걸고 풀고 싶은
재고 농산물 문제

카카오톡 선물하기는 민 대표가 '식품'과 인연을 맺은 곳이다. 시작은 어느 겨울 아침, 제주도의 한 감귤 농장 농부에게서 걸려 온 전화 한 통이었다.

감귤 농사가 풍년이라 축하드린다고 하니 되레 한숨을 푹푹 쉬셨어요. 가격이 폭락해서 너무 힘들다고 하시면서 선물하기에서 팔아 줄 수 있냐고 물어보시더라고요. 그 전화를 계기로 귤, 한라봉, 전복 등 제주 먹거리를 파는 마케팅을 기획했고 꽤 성과가 나왔어요. 그런데 행사를 마치고 1~2주 뒤부터 갑자기 사무실로 고구마, 전복, 귤 상자가 쏟아지더라고요. 많이 팔아줘서 고맙다는 농민들의 답례였죠. 선물하기에서 가장 큰 매출을 내는 기프티콘 제휴사들은 실적이 좋아도 이 정도로 고마움을 표시하지는 않았어요. 그러다 보니 농민들의 마음이 담긴 음식 상자들이 인상적으로 다가왔죠. 내가 돈을 벌면서 누군가를 행복하게 하고 상생하는 수익 구조를 만들 수 있다는 걸 처음 배웠습니다. 앞으로 어떤 일을 하고 어떤 삶을 살아야 하는지 방향을 정하는데도 큰 영향을 줬던 일이죠.

제주 농부들과 있었던 일을 김봉진 의장에게 이야기하자, 김 의장은 민 대표에게 **배달의민족**(이하 배민)에서 농산물 프로젝트를 본격적으로 해 보자고 제안했다.

다음 스토리볼 작가로 인연을 맺은 뒤 김봉진 대표님과 종종 연락을 주고받았거든요. 이런 일을 이야기하니 배민에서 신사업으로 키워 보자고 하셨어요. 김봉진 대표님한테 일을 배워 보고 싶었고, 성장하고 싶은 욕심도 있어서 2015년 8월 배민의 배민쿡 사업총괄(수석)로 자리를 옮겼습니다.

지구인컴퍼니 창업 아이템인 '재고 농산물'은 배민쿡의 밀키트 사업 모델을 만들면서 찾았다. 민 대표가 구상했던 밀키트 서비스는 정기배송으로 안정적인 수요를 확보해 버려지는 음식을 최소화하고, 상품성이 떨어지는 '못난이 농산물'과 같은 재고를 활용해 버려지는 재료도 줄이는 방식이었다. 농가 수십 곳을 직접 찾아다니다 보니 재고 농산물로 골치를 썩는 농가의 현실도 알게 됐다.

배민에서 적극적으로 이 문제를 해결해 보고 싶었지만 2017년 여름 배민쿡 서비스가 종료됐어요. 여러 사업을 다양하게 시도해 보고 빠르게 접는 일이 반복되는 스타트업에서 흔히 일어나는 서비스 클로징이었죠. 하지만 저는 재고 농산물 문제를 이렇게 끝내고 싶지 않았어요. 그래서 퇴사를 하고 지구인컴퍼니를 창업했습니다.

배민이 접은 사업을 이어서 해 봐도 좋겠다는 확신은 어떻게 얻은 걸까? 민 대표는 그저 자기 자신을 믿었다고 했다.

재고 농산물은 '없는 시장'이에요. 사업성을 객관적으로 판단할 수 있는 통계 데이터도 찾기가 어렵죠. '되는 사업이 맞나?' 따져 보기 쉽지 않았습니다. 제가 믿을 수 있는 근거는 제 경험이었어요. 농가 수십 곳을 직접 다니면서 현장에서 보고 느꼈던 '현장'이라는 데이터. 규모가 크건 작건 농가마다 저온창고에는 못 팔고 남은 농산물이 가득 차 있었고, 남는 농작물을 보관할 마땅한 방법이 없으니 집집마다 호박즙, 감즙, 배즙이 넘쳐 났거든요. 이 많은 재고 농산물에 부가가치를 불어넣을 기술을 개발해 보면 어떨까. 이 질문에 대해 충분히 고민하며 도전하고 싶었습니다.

하지만 현재 지구인컴퍼니의 재고 농산물 해법 찾기는 대체육 개발을 시작한 이후부터 '일시정지' 상태이다. 재고 농산물 처리와 대체육 개발이라는 두 가지 일을 병행하기 어려워서다.

사업을 펴 나가는 방식이 너무 다르거든요. 못생긴 농산물 사업은 농산물을 소싱하는 게 제일 중요하고 고객에게 직접 판매해야 합니다. 반면에 대체육 개발은 연구개발이 가장 중요하고 자체 생산 공장이 필요합니다. 대체육 개발로 사업 방향을 수정할 당시 8명밖에 되지 않던 직원들이 성격이 다른 두 사업을 병행하는 게 현실적으로 어려워서 지금은 대체육 개발에 집중하고 있어요. 여건이 된다면 재고 농산물 사업을 되살려 대체육과 시너지를 내는 방향으로 접목하는 게 지구인컴퍼니로 달성하고 싶은 목표 중 하나입니다.

오늘 무슨 고기 먹을래?
소고기? 돼지고기? 대체육?

민 대표가 생각하는 대체육의 위치는 소고기, 돼지고기의 바로 옆자리다. 오늘 어떤 고기를 먹을까 고민할 때 소고기, 돼지고기와 함께 고려하는 선택지가 되는 것이 목표이다.

1년 365일 대체육만 먹어야 한다고 강요하고 싶지 않아요. 고기는 먹고 싶은데 가볍고 덜 부담스럽게 즐기고 싶을 때, 식물성 고기를 떠올릴 수 있었으면 좋겠어요. 그렇게 자연스럽게 대체육이 일상에 녹아들기 위해서는 언리미트가 글로벌 시장에서 성과를 낸 'K-대체육' 정도로 성장해야 하지 않을까요. 만두, 고추장, 김치처럼 세계 시장에서 인정받는 K-푸드 중 하나로 언리미트를 키워 보고 싶습니다.

살면서 전혀 생각해 본 적도 배워 본 적도 없는 일에 뛰어들어 고군분투하고 있지만, 민 대표는 대체육을 개발하는 일이 행복하다. 주어진 상황 속에서 늘 최선을 다해 살다 보니 '하고 싶은 일'과 '할 수 있는 일'이 일치하는 삶을 살게 되었기 때문이다.

저는 다양한 직업을 거치며 저 자신을 찾아온 것 같아요. 유아교육과에 입학할 때만 해도 꿈이 없었고 뭘 좋아하는지도 몰랐어요. 여러 일을 해 보면서 내가 언제 행복하고 즐거운지, 어떤 방식으로 돈을 벌고 싶은지 알게 됐죠. 저는 누군가와 함께 성공하는 것에서 희열을 느끼는 사람이더라고요. 인생을 걸고 풀어 보고 싶은 문제를 찾았고, 지구인컴퍼니를 통해서 함께 성공하는 사업을 고민할 수 있어서 행복합니다.

창업가 수업

전 세계 완성차 업체가 주목한
서울로보틱스

─ 이한빈

서울로보틱스는 인공지능을 기반으로 하는 자율주행 소프트웨어를 개발하는 스타트업이다. 그 기술력을 인정받아 BMW, 볼보, 벤츠 등 글로벌 완성차 업체와 파트너십을 맺어 화제를 일으켰다.

불변의 3D 인지 기술을
고민합니다

자율주행차의 눈, '웨이모의 라이다'와 '테슬라의 카메라' 중 무엇이 대세가 될까. 자동차의 미래로 여겨지는 자율주행 기술 개발이 전 세계적으로 뜨겁다. 그중에서도 자동차가 정확하게 앞을 보고 안전하게 운전할 수 있도록 하는 '인지'와 관련된 기술 경쟁이 한창이다. 시장은 '정확하지만 비싸다'고 여겨지는 라이다 진영과 '비교적 상용화가 쉽지만 정확도가 떨어진다'는 카메라 진영으로 나뉘었다.

이같은 기술 경쟁이 벌어지는 가운데, 해외에서 먼저 주목받은 한국의 스타트업이 있다. 1991년생 이한빈 대표가 2017년 창업한 **서울로보틱스**다. '3차원(3D) 컴퓨터 비전 소프트웨어'를 만드는 이 회사는, 자동차 등 기계에 부착된 다양한 3D 센서가 받아들인 각종 주행 정보를 기계가 이해할 수 있는 정보로 해석해 주는 인공지능 소프트웨어를 개발한다. 초기 단계 회사임에도 불구하고 기술력을 인정받아 BMW, 볼보, 벤츠 등 글로벌 완성차 업체와 파트너십을 맺어 화제가 되었다. 서울로보틱스는 회사 설립부터 지금까지 3D 라이다 센서의 데이터를 읽어 주는 소프트웨어를 주로 개발했지만, 이제는 카메라를 포함한 다양한 3D 센서의 데이터를 읽을 수 있도록 소프트웨어 고도화를 준비 중이다. 결정적 계기는 2021년 7월 테슬라가 공개한 '버전 9' 운행체제의 3D 카메라 데이터를 확보하면서다.

미지의 영역 인공지능
팀 코리아 동료들과 연구하며 자율주행의 세계로

조기유학 붐이 불던 2004년, 이 대표는 한국에서 초등학교만 마치고 미국으로 건너가 대학교까지 졸업했다. 어린 시절부터 로봇에 관심이 많던 터라 로봇 개발에 대해 공부할 수 있는 펜실베이니아 주립대 기계공학과에 진학했다. 하지만 막상 기계공학을 공부해 보니 미래 로봇의 핵심은 하드웨어가 아니라 소프트웨어에 있었다. 전공을 바꿀지, 졸업 후 대학원에 진학할지, 로봇을 공부할 수 있는 방법을 고민했다. 그리고 내린 결론은 스스로 공부하자였다.

인공지능 분야는 이제 막 열리기 시작해 제대로 아는 사람이 없다고 봤습니다. 라이다와 관련된 논문을 검색해 보면 검색

결과가 전 세계에서 딱 하나만 나온 적도 있었죠. 그렇다면 대학원에 가거나 취업을 하기보다는 스스로 연구하고 그 결과물인 소프트웨어를 취업하고 싶은 회사에 팔면 어떨까 하는 그림을 그려 봤어요.

첫걸음은 2016년 가을, 페이스북과 슬랙 등 온라인 공간에 만든 인공지능 스터디 모임 '팀 코리아'였다. 인공지능 연구에 관심이 있는 사람들을 온라인을 통해 모았다. 40여 명의 스터디 멤버들과 함께 최신 논문을 읽고, 각자가 짜 봤던 코드를 공유하는 방식으로 공부했다. 이 과정을 통해 인공지능 중에서도 '자율주행 인지'로 연구 분야를 정할 수 있었다.

로봇이 정확히 상황을 인지한 뒤의 프로그래밍은 그다지 어렵지 않아요. 자율주행 차량이라면 차 앞에 놓인 물체가 사람인지, 가드레일인지 정확히 알 수 있어야 하지만 난이도가 높죠. 이 문제가 가장 핵심이라고 봤어요. 가장 어렵고 핵심적인 분야를 연구하면 그 결과를 다방면으로 활용할 수 있다고 생각했습니다.

스터디 모임은 '팀 코리아', 회사는 '서울로보틱스'. 이 대표가 만든 그룹에는 이름에 '대한민국'이 들어간다. 남달리 대단한 애국심이 있는 것은 아니지만, "긴 유학 생활을 거치면서 한국이란 공동체에서 태어난 사람으로서의 책무를 자연스럽게 느낀 것 같다"고 그는 말했다.

창업을 하게 된 결정적 계기는 2017년 7월, '팀 코리아' 멤버 10명과 미국에서 열린 자율주행경진대회에 나가면서다. 이 대회는 중국의 디디추싱(DiDiChuXing)*이 주최사였는데, 이 대표의 팀은 전 세계 2천여 팀 중 10위를 기록했다. 자율주행 차량에 부착된 3D 라이다 센서가 받아들인 정보를 처리하는 인지 소프트웨어를 결과물로 제출했다.

대회에서 좋은 성적을 거두면서 자신감도 생겼고, 창업해도 좋겠다는 가능성을 확인했어요. 정확하고 안전하게 운행하려면 2D 센서보다는 3D 센서가 더 효과적이고, 이 센서가 받아들인 정보를 정확하게 처리하는 게 중요합니다. 그런데 이 소프트웨어를 제대로 만드는 곳은 전 세계에 아직 없더라고요. 미래에 큰 성장이 예상되는 분야에 뛰어든 기업이 없다면 우리가 먼저 해 보자는 생각으로 창업을 했습니다.

자율주행차에게 사람·도로표지판·신호등을 이해시키는 소프트웨어

이 대표가 동료 3명과 함께 2017년 8월 세운 서울로보틱스는 3D 인지 센서가 받아들인 정보를 자동차가 이해할 수 있는 방식으로 처리해 주는 소

---

* 중국판 우버로 불리는 중국 최대의 차량호출 스타트업

창업가 수업

프트웨어를 만드는 기술 스타트업이다. 완성차 업체나 라이다 하드웨어 생산 업체에 소프트웨어를 납품하는 기업 간 거래(B2B) 사업을 한다. 3D 컴퓨터 비전 소프트웨어인 **센스R**(SENSR, Smart 3D Perception Engine by Seoul Robotics)과 이 프로그램을 작동시킬 수 있는 하드웨어 **엘피유**(LPU, LiDAR Processing Unit)가 대표상품이다. 2020년 말 기준 매출액은 수억 원 수준이고 직원은 30여 명인 작은 규모의 초기 기업이다.

자율주행 분야는 차량에 설치하는 인지 센서를 무엇을 선택할 것인가를 두고 라이다(비테슬라) 진영과 카메라(테슬라) 진영으로 양분되어 기술 경쟁이 한창이다. 구글의 **웨이모**(Waymo)가 대표적으로 채택하고 있는 3D 라이다 센서는 레이저를 활용한다. 레이저가 목표물에 도달했다 되돌아오는 시간을 측정해 사물의 거리와 형태를 파악한다. 시야가 확보되지 않은 상황에서도 정확히 거리값을 측정할 수 있다는 장점이 있지만, 비싸고 차량 지붕에 설치해야 해서 미관상 보기 좋지 않다는 단점이 있다.

반면 테슬라의 일론 머스크는 "라이다는 바보들이나 쓰는 장치"라면서 카메라만으로도 충분히 자율주행이 가능하다고 주장한다. 그동안 테슬라가 사용했던 2D 카메라 센서는 비용이 저렴해 상용화가 쉽다는 장점이 있지만, 정확도가 떨어져서 완전자율주행에는 적합하지 않다는 지적을 받아 왔다. 라이다와 카메라, 두 센서는 시간이 갈수록 각자의 단점을 보완하고 서로의 장점은 취하는 방식으로 기술이 고도화되고 있다.

사업 초기부터 서울로보틱스는 여러 3D 센서 중 라이다의 데이터를 읽을 수 있는 소프트웨어를 만드는 데 집중했다. 왜 '3D'이고 왜 '라이다'였을까.

서울로보틱스 이한빈

모든 자율주행 차량에 필요한 것은 결국 '3D 거리값'입니다. 2D 카메라는 물체들의 거리값 문제를 해결하기 어렵죠. 지금은 2D 센서인 카메라도 결국 3D로 넘어오게 될 거라고 예상하고, 2D 카메라는 애초에 고려하지 않았습니다.

라이다를 선택한 이유는 서울로보틱스가 출범할 당시 가장 정확하고 시장에서 제일 잘나가던 3D 센서가 라이다였기 때문입니다. 비싸다는 단점이 있었지만 시간이 지나면 디지털카메라처럼 될 것 같았어요. 디지털카메라도 처음에는 수천만 원이었지만 발전을 거듭할수록 가격이 낮아져서 이제는 스마트폰마다 다 들어갈 정도로 상용화됐죠. 라이다도 기술 발전을 거듭하면 성능이 좋으면서도 저렴한 장비가 충분히 될 수 있을 것이라고 생각했습니다.

서울로보틱스가 업계의 주목을 받은 계기는 2019년 독일의 세계적인 자동차 기업 BMW와 파트너십을 맺으면서다. 글로벌 완성차 기업들은 기술력 있는 스타트업을 대상으로 파트너십을 맺은 뒤 수년에 걸쳐 검증을 한 뒤 납품 계약을 맺는다. 서울로보틱스도 납품 계약을 위한 검증 과정을 거치고 있다.

창업하고 1년쯤 지나 참가했던 핀란드의 스타트업 행사 '슬러쉬'에서 BMW를 처음 만났어요. 하드웨어가 아닌, 인지 소프트웨어만 개발하는 회사라는 점에서 흥미를 갖더라고요.

창업가 수업

그 행사를 계기로 BMW와 1년 동안 미팅을 하면서 구현 가능한 기술이 무엇인지 끊임없이 보여 줬고 파트너십으로 이어졌어요.

BMW는 소프트웨어 스타트업들에겐 보통 티어2를 지정하지만 서울로보틱스는 이례적으로 티어1으로 분류한 점도 화제였다. 높은 등급일수록 BMW와 직접 제품을 제작하거나 납품할 가능성이 높아진다. 서울로보틱스는 현재까지 글로벌 완성차 기업 벤츠, 볼보, 국내 자동차 부품사 만도, 3D 라이다 센서 업계에서 글로벌 선두인 벨로다인과도 파트너십을 맺었다.

테슬라의 3D 카메라 데이터 확보하며, 라이다에서 카메라로 호환성 확대 시동

서울로보틱스는 지금까지 3D 라이다 센서에 적용되는 소프트웨어를 주로 개발했다. 하지만 최근 3D 카메라 등 라이다가 아닌 다른 센서와도 호환되도록 소프트웨어 고도화를 준비하고 있다. 이런 변화의 계기는 2021년 7월 초 테슬라가 내놓은 새로운 자율주행 체제 '버전 9'의 운행 데이터를 확보하면서부터다. 테슬라의 자율주행 차량이 운행하면서 수집한 3D 카메라 데이터를 분석해 **센스R** 등 서울로보틱스 상품의 활용성을 높이고자 한다고 이 대표는 설명했다. 데이터 확보 과정에 관해 묻자 이 대표는 "어떻게 확보했는지 방법은 밝힐 수 없다"며 "전 세계에서 최초로 확보한 테슬라의 3D 카메라 데이터이고, 앞으로도 더 많은 데이터를 확보하게 될 것"이라고 답했다.

'서울로보틱스는 곧 3D 라이다'로 시장에서 자리를 잡고 있던 중에 다른 센서로 확장하기로 한 이유에 대해 이 대표는 이렇게 설명했다.

카메라나 이미지 레이더 등 다양한 3D 센서에 호환되는 소프트웨어로 만들 계획을 창업 초기부터 갖고 있었어요. 초기에는 우리 팀이 잘할 수 있는 분야에 에너지 대부분을 집중했지만, 다른 센서들이 치고 올라오는 상황에 적극적으로 대응할 필요성을 느꼈습니다. 테슬라가 3D 카메라 센서를 개발 중이라고 했을 때부터 고민했고, 최근 데이터를 확보하면서 이 작업을 본격화했습니다. 테슬라의 3D 카메라 데이터를 받아서 며칠간 분석해 보니 예상보다 정확도가 높아서 놀랐어요. 3D 라이다 센서의 초기 모습과 비슷해 보였고, 그렇다면 앞으로 무궁무진한 발전 가능성이 있겠다는 생각이 들었습니다.

스마트시티(smart city)*와 스마트팩토리(smart factory)** 구축 분야도

---

* 첨단 정보통신기술(ICT)을 이용해 도시에서 유발되는 교통·환경·주거 문제, 시설 비효율 등을 해결해 편리하고 쾌적한 삶을 누릴 수 있도록 한 도시

** 공장 내 설비와 기계에 사물인터넷(IoT)를 설치해 공정 데이터를 실시간으로 수집하고, 이를 분석해 스스로 제어할 수 있는 공장

창업가 수업

눈여겨보고 있다. 자율주행차 뿐만 아니라 스마트시티, 스마트팩토리를 구축하는 데도 라이다가 필요하기 때문이다. 이 분야에도 서울로보틱스의 소프트웨어가 활용될 수 있도록 시도하고 있다. 2020년 12월 퀄컴의 스마트시티 사업에 참여하기로 했고, 2021년 2월에는 만도와 협력 관계를 맺으면서 자율주행, 스마트시티, 스마트팩토리에 필요한 인지 기술 사업을 하겠다고도 밝힌 바 있다. 자율주행이 가능한 미래 도시인 스마트시티에서는 도시 곳곳에 라이다 센서가 설치되어 자율주행 차량 운행을 가능하게 하고 각종 교통 정보를 처리한다. 스마트팩토리에 설치된 라이다는 자동화 시스템 운영과 직원들의 안전한 근무를 가능하게 한다.

기술이 쉴 새 없이 발전하는 상황에서 어떻게 해야 살아남을 수 있을까

인터뷰 내내 이 대표는 '테슬라'를 자주 언급했다. 테슬라를 "한편으론 경쟁하지만 한편으론 협력할 수 있는 회사라고 생각한다"고 했다.

테슬라는 그동안 2D 카메라를 주로 활용해 왔기 때문에 3D 센싱 분야에선 아직 시작 단계입니다. 저희는 지난 4년간 쌓아 온 노하우가 있으니 현재는 테슬라보다 앞서 있다고 할 수 있죠. 테슬라에게도 서울로보틱스의 소프트웨어를 납품할 수 있을까, 상상하곤 합니다. 물론 테슬라가 자체적으

로 갖고 있는 막대한 주행 데이터를 바탕으로 서울로보틱스
보다 더 좋은 인지 소프트웨어를 만들어서 B2B 사업으로 납
품할 가능성도 얼마든지 있지만요. 긴장도 되지만 테슬라가
이제 막 시작한 일을 서울로보틱스는 4년 먼저 했잖아요. 앞
으로도 최선을 다할 것이라 자신 있습니다.

빠르게 변화하는 기술 환경 속에서 서울로보틱스는 어떤 생존 전략
을 갖고 있을까. 이 대표의 목표는 "불변의 가치를 만들어 내는 회사를 만
드는 것"이라고 했다.

시장과 기술은 빠르게 바뀌죠. 하지만 미래에는 결국 모든 분
야에 로봇이 필요할 겁니다. 그리고 이 로봇 기술에서 가장 중
요한 부분은 인지 문제이고요. 어떤 기기가 등장하더라도 활용
할 수 있는 인지 소프트웨어를 만드는 것이 서울로보틱스의 목
표입니다. 무엇이 본질인지 끊임없이 고민하여 불변의 가치를
창출하는 회사로 자리매김하고 싶습니다. 아직 누가 승기를 잡
을지 아무도 모르는 이 영역에서 한국의 서울로보틱스가 우뚝
서고자 합니다.

2장

노는 판을
새로 짠
사람들

당신 근처의
당근마켓

── 김용현

카카오 사내 게시판에서 아이디어를 얻어 시작된 '판교장터'는 이제 전 국민이 다 아는 '당근마켓'이 되었다.

좋은 회사는 어떻게
만들 수 있을까요?

　　서울 강남역 근처 **당근마켓** 사무실, 인터뷰 사진 촬영을 위해 당근이(당근마켓 캐릭터) 옆에 선 김용현(1978년생) 당근마켓 대표는 입가에 옅은 웃음을 지었지만 표정은 그다지 밝지 않았다. 당근마켓은 2020년 상반기 대부분의 쇼핑앱을 제치고 압도적 1위 중고거래 앱, 쇼핑앱 2위의 자리에 올랐다. 언론에서는 연일 '요즘 대세 당근마켓'을 조명하는 기사가 쏟아진다. "달리는 기차의 바퀴를 갈아 끼우며 일한다"는, 가파른 성장세를 체감하며 뿌듯한 성취감을 느끼고 있을 것이란 짐작을 하고 김 대표를 만나러 갔지만 그는 예상과는 다른 모습이었다.

　　반바지에 슬리퍼를 신은 편한 차림으로 인터뷰에 응한 김 대표는 직접 커피를 내리며 격의 없이 손님을 맞이했고, 다른 회사였다면 직원들이 안내할 만한 일들도 직접 챙겼다. 그러는 동안 다른 직원들은 창가 테이블에 삼삼오오 모여서 간식을 먹으며 이야기를 나누거나 소파에 누워서 쉬고 있었다. 대표 직함이 적힌 명함을 건네받지 않았다면 김 대표가 대표인지 알아채기 힘들었을 정도였다. 김 대표는 "회사가 성장한 뒤에도 창업 초기의 반짝반짝함을 유지하면서, 한편으로는 성장한 규모에 걸맞은 회사로서의 모습 또한 갖추고 싶다"고 했다. 인터뷰가 진행됐던 2시간 남짓 동안 그가 보여 준 표정과 행동에서, 자신의 생각을 어떻게 하면 실현할 수 있을지 고민하는 모습이 묻어나는 듯했다.

지속가능한 창의성을 찾는 당근마켓에게
절대 불변의 원칙은 없다

코로나 19 팬데믹이 전 세계를 뒤덮었던 2020년 상반기, 당근마켓은 이용자 수가 크게 뛰었다. 2020년 1월, 480만 명이었던 월간 이용자수(MAU)가 6월 말 900만 명으로 반년 만에 두 배 가까이 늘었다. 모바일이 여전히 낯선 50~60대 중장년층마저도 필요 없는 물건을 보면 '당근마켓에 올리자'고 말할 정도로 당근마켓의 인기는 수치로도, 분위기로도 입증된다. 김 대표는 당근마켓의 '폭풍성장'이 코로나 19와 관련이 있는 것으로 보고 있었다.

강도 높은 사회적 거리두기가 시행되면서 저희도 걱정이 많았어요. 그런데 집에 오래 있으면서 오히려 팔아야 할 물건이 눈에 보였고, 그러면서 당근마켓이 더 활성화된 것 같았습니다. 사회 전체적으로 대면접촉이 크게 줄었지만, 우리나라는 코로나 초기에 마스크 보급이 잘됐고 중고거래를 할 때 물건과 돈을 주고받는 시간이 1분이 채 안 걸리기 때문에 크게 개의치 않는 것 같았고요. 또 여러 사람이 많이 모인 장소는 피하지만 일대일 만남은 크게 꺼리지 않는 분위기도 있었다고 느꼈습니다.

김 대표는 2020년의 당근마켓을 "회사가 서비스의 성장 속도를 못 따라가고 있는 상황"이라며 "커진 규모에 걸맞은 사회적 눈높이를 충족하기 위해 더 많은 인재가 필요하다"고 설명했다.

지금 당근마켓 직원들이 감당해야 하는 업무 강도는 달리는 기차의 바퀴를 갈아 끼우는 수준이에요. 서비스가 커지고 이용자 수가 계속 늘어나는 상황에 맞춰서 회사는 책임 있는 서비스를 해야 합니다. 법도 잘 지켜야 하고 서비스 운영 이슈에도 대응해야 하죠. 트래픽이 갑자기 늘면 기존의 코드 구조로는 버틸 수 없어서 더 많은 트래픽을 감당할 수 있는 새로운 구조로 바꿔야(리팩토링) 합니다. 그런데 이 작업을 365일, 24시간 서비스가 돌아가는 상황에서 해야 합니다. 이런 작업을 해 봤거나 대용량 트래픽을 경험해 봤던 개발자들이 새로 필요해졌습니다. 결국 사람을 뽑아야 해결이 되겠더라고요.

그는 사람을 뽑으면서 자신이 세웠던 기준을 스스로 무너뜨리고 있다고 말했다.

저는 제가 기획자 출신이면서도 기획자는 안 뽑겠다고 했어요. 모바일에서는 개발자와 디자이너가 기획도 할 수 있다고 생각했거든요. 실제로 서비스를 만드는 사람이 다 할 수 있다고 생각했습니다. 하지만 회사가 커지면서 그 생각이 바뀌었습니다. 갈수록 회사 안에서 팀 간의 커뮤니케이션을 해줄 사람이 필요해졌고, 그 역할이 굉장히 중요해지는 단계가 오더라고요. 플랫폼팀, 마케팅팀, 개발팀이 서로 소통이 되지 않으면 일이 비효율적으로 진행됩니다. 그래서 프로젝트 매니저(PM)라는 이름으로 커뮤니케이션 업무를 하는 사람들을 뽑고 있어요. 회사가 성장할수록 과거에 매여선 안 되고 계속 무엇인가를 깨야 하더라고요. 절대 불변의 원칙이란 없다는 사실을 알게 됐습니다.

김 대표는 채용 업무를 하면서 절대 불변의 원칙이 없다는 생각을 하게 됐다고 말했지만, 채용 외에 다른 부분에서도 기존에 세운 원칙에 얽매이지 않았다. 그런 유연성 덕분에 직장인에서 지역 주민으로, 판교에서 전국으로 사업의 범위도 넓힐 수 있었고, 지난해 영국에 진출한 뒤로도 스스로가 만든 틀을 깨면서 서비스를 개선하고 있었다. 김 대표 스스로가 이런 유연성을 갖고 살아왔기 때문에 가능한 일처럼 보였다.

해외유통 사업가 꿈꾸던 삼성물산 상사맨
IT 기획자로 변신하다

김 대표의 어릴 적 꿈은 사업가가 되는 것이었다. 대우그룹의 종합상사를 다녔던 '상사맨' 아버지가 해외 출장을 다니는 모습을 보면서 유통사업을 하고 싶었다. 하지만 2003년 서울대학교 경제학과를 졸업한 뒤 삼성물산 상사 부문에서 일하면서 상사맨의 역할이 줄어들고 있는 현실을 알게 됐다.

인터넷이 발달하면서 무역업이 점점 힘들어지는 모습을 봤습니다. 제조업자가 직접 물건을 판매하니 상사맨이 할 일이 사라지겠더라고요.

해외 유통 사업은 안 되겠구나 고민하던 때, 김 대표의 눈에 들어온 새로운 세계는 IT였다.

2006~2007년 당시 싸이월드가 정말 '핫'했어요. 도토리가 하루에 1억 원씩 팔린다는 이야기를 듣고 IT 회사에 가야겠다

는 생각이 들었습니다. 네이버에 다니고 있던 친구에게 묻고 물어서, 2007년에 네이버에 기획자로 들어갔습니다.

김 대표는 네이버에 가자마자 기획 업무를 하지는 못했다. IT 회사 경험이 없다는 것이 이유였다. 대신 기획총괄 이사를 보좌하는 스탭 조직에 들어갔다. 네이버의 모든 서비스 기획부서에서 올리는 보고서를 정리하는 일을 했다.

그땐 바로 현업에서 일하고 싶었는데, 지금 생각하면 스탭 조직에서의 경험이 큰 도움이 됐어요. 네이버 모든 서비스의 기획안을 다 봤거든요. 기획서를 어떻게 만드는지, 어떻게 써야 통과되는 것인지, 기획자가 어떤 일을 하는 사람인지 알 수 있었죠.

이후 **지식인** 서비스팀으로 가서 3년간 일하면서 기획자로서 기반을 닦았다.

지식인은 월 방문자 수가 1천만 명 정도 되는 대형 서비스였어요. 대형 서비스를 운영하다 보면 발생하는 이슈들 그리고 이를 해결하기 위해 필요한 시스템을 그때 다 배웠습니다.

김 대표가 경력을 쌓았던 '기획자'는 IT 서비스를 기획하는 사람들이다. 요즘은 프로젝트 매니저 혹은 프로덕트 오너(PO)라는 이름으로 불린다. 기획자가 어떤 서비스를 만들지 구상하고 그 서비스가 인터넷과 모바일에서 구현되는 화면을 직접 그려서 개발자나 디자이너에게 이를 넘겨주면 실제 서비스로 세상에 태어나게 된다. 한국도 실리콘밸리처럼, 기획자가 아닌 UI 디자이너가 이런 일을 하는 방향으로 바뀌고 있지만, 아직까지는 기획자들이 주로 맡는 분위기이다. 서비스가 잘 운영될 수 있도록 서로 다른 일을 하는 사람들을 서로 소통하게 하는 커뮤니케이터 역할도 맡는다.

왜 기획자가 되고 싶었냐고 묻자 그는 삼성물산 신입사원 연수 때 일화를 꺼냈다.

신입사원 연수를 마무리하면서 100명 정도가 함께 연극 공연을 준비해야 했어요. 그때 제가 연출을 맡았습니다. 내가 기획한 동선으로 사람들이 움직이는 일이 매력적이었어요. 그만큼 무언가를 기획하고 설계하는 데 관심이 많았습니다. 그런데 서비스 기획이 딱 그렇더라고요. 내가 의도한 대로 이용자들을 움직이게 만드는 일이고, 막힘없이 서비스를 이용하게 하려면 어떤 흐름을 짜야 할지 기획하는 일이니까요.

카카오에서 얻은 아이디어와 경험
당근마켓의 발판이 되다

네이버에서 4년간 일한 뒤 김 대표는 2011년 카카오로 자리를 옮겼다. 2010년부터 국내에 스마트폰이 보급되면서 모바일 시대가 열렸지만, 그 당시 네이버는 모바일 시대를 대비하기보단 기존에 하고 있던 PC 서비스에 집중하자는 분위기였고 이런 점이 김 대표는 답답했다.

카카오에서 처음 했던 일은 **카카오톡 플러스친구** 기획이었다. 당시 카카오톡은 이용자는 많았지만 비즈니스 모델은 없던 상황이라 수익화가 과제였다. 이용자들이 브랜드와 친구를 맺어서 쿠폰 등을 받아 볼 수 있는 서비스를 만들었다. 이 일을 1년 반 정도 하다가 김범수 카카오 의장이 추진했던 로컬 서비스를 만드는 TF팀에 지원했다.

모바일에서 지역 광고 플랫폼을 만들어 보자는 김범수 의장님의 취지에 설득되서 지원했어요. 사내에서 저 말고는 아무도 지원을 안 했죠. 그래서 현재 당근마켓 공동대표인 김재현 대표가 창업했던, 당시 카카오가 인수한 씽크리얼즈 개발자들을 붙여 줘서 팀이 꾸려졌습니다.

맛집 정보 서비스 **카카오플레이스**는 성과가 나지 않아서 10개월 만에 TF팀이 해체됐지만, 이 경험은 당근마켓 창업의 바탕이 됐고 공동 창업자들도 만날 수 있는 기회가 됐다.

'중고물품 직거래'라는 당근마켓의 아이디어를 얻은 곳은 IT 기기를 활발히 사고팔던 카카오 사내 게시판이었다.

카카오 사람들이 이 게시판에 수시로 들어가서 물건을 사고 파는 모습이 재미있었어요. 가만히 들여다보니 그럴 수밖에 없는 몇 가지 지점이 보였어요. 회사에 와서 거래하면 되니까 '편하고', 직원끼리 거래하니까 '사기가 없고', 파는 사람은 자기 평판을 고려해서 '좋은 물건을 싸게' 내놓더라고요. 물건이 좋으니 '쿨매'(쿨한 매매)가 많았습니다. 쿨매를 할 만한 좋은 물건이 나오면 5분 만에 예약이 끝나더라고요. 이런 물건을 잡으려면 게시판을 계속 들어가야 했고요. 판교 테크노 밸리에 IT 회사가 대략 1,000개가 넘게 있는데 이 직원들이 다같이 쓰는 중고마켓 앱을 만들면 어떨까 막연히 생각했습니다.

당근마켓의 전신인 **판교장터**를 본격적으로 추진해 보고자 카카오를 나왔던 때는 2015년 1월이었다. 더 새로운 일을 해 보고 싶어서 카카오를 나왔다.

제가 카카오를 퇴사할 때는 다음과 합병이 된 이후였어요. 카카오도 이제 덩치가 커졌구나, 좀 더 색다른 일을 해 보고 싶다, 카카오도 다닐 만큼 다녔다는 생각이 복합적으로 들면서 4년 만에 퇴사했습니다.

김재현 공동대표에게 동업을 해 보자고 손을 내민 이유는, 카카오에서 함께 일하며 본 그가 좋은 개발자라는 확신이 들어서였다.

기획자로서 IT 회사의 구성원들과 소통하면서 깨달은 점은, '좋은 개발자, 좋은 디자이너는 기획도 잘한다'였어요. 뛰어난 개발자들은 소통도 잘되고 이용자 시각에서 바라볼 줄 알더라고요. 사업 감각이 있는 그런 개발자를 찾았는데 김재현 대표가 딱 그랬습니다. 김 대표님은 쇼핑 정보 앱 쿠폰모아를 서비스했던 씽크리얼즈를 창업했다가 나중에 카카오에 매각한 경험이 있는 실력 있는 분이셨죠.

또 다른 공동창업자인 정창훈 최고기술책임자(CTO)는 **네이버 지도** 서비스 개발자로, 김재현 대표와 네이버에서 함께 일한 인연으로 합류했다. 카카오플레이스, 네이버 지도와 같은 지역을 다루는 서비스를 공통적으로 운영해 봤던 세 사람은 지역 기반의 대중에게 유용한 서비스를 개발해 보자고 의견을 모았다.

카카오플레이스는 왜 10개월 만에 TF팀이 해체되면서 실패했는지 복기하기도 했다.

당시 맛집 추천, 리뷰 서비스가 주를 이뤘던 로컬 서비스 시장에는 딱히 메인 플레이어가 없었어요. 수많은 로컬 앱들이 실패했어요. 카카오플레이스도 마찬가지였는데, 그 이유는 사용 빈도가 잘 안 나오기 때문이라고 생각했습니다. 앱 기반 O2O* 서비스가 성공하려면 이용자들의 스마트폰 맨 첫 화면에 자리 잡아야 하고 매일매일 한 번씩은 실행하는 앱이 되어야 해요. 하지만 맛집 추천 앱은 아니었어요. 찾고자 하는 바가 있을 때만 들어오고 목적을 달성하면 더 이상 머무르지 않고 나가니까요. 필요가 없어지면 쉽게 앱을 삭제하기도 하죠. 카카오 중고게시판은 사람들이 하루에도 수차례 들락거렸는데 그런 모습을 보면서, 중고거래라면 성공한 로컬 서비스가 될 수 있지 않을까 생각했습니다.

판교장터는 2015년 7월 문을 열었다. 아이디어를 구체화한 뒤 앱 개발은 2주 만에 마쳤다. 보통 앱을 하나 만들 땐 기획자와 서버, 안드로이드, 아이폰 개발자 각 1명씩, 그리고 디자이너까지 5명이 한 팀을 이룬다. 판교장터 팀은 김용현 대표가 기획을, 김재현 대표가 서버 개발을, 정창현 CTO가 아이폰 개발을 맡고 안드로이드 개발과 디자인은 외주를 줘서

---

* O2O란 온라인(online)과 오프라인(offline)이 결합하는 현상을 의미한다. 최근에는 주로 전자상거래 혹은 마케팅 분야에서 온라인과 오프라인이 연결되는 현상을 말하는 데 쓰인다.

'후딱' 앱을 만들었다. 회사 이메일을 통해 인증을 거쳐야 회원가입이 되도록 인증절차를 갖췄고, 게시물을 올린 사람이 어느 회사 사람인지 알 수 있도록 회사 이름을 함께 띄웠다. 판교장터도 카카오 사내 게시판과 비슷하게 작동하면서 반응이 좋았다.

> 판교 IT 회사들은 '우리는 판교 사람'이라는 일종의 공동체 의식이 있어요. 다들 새로운 물선에 관심이 많고 남들보다 일찍 써보는 '얼리어답터'로서 새로운 기기를 사서 써 보는 걸 좋아하는 공통점도 있고요. 근처에서 일하는 사람들이 점심시간이나 퇴근 시간에 회사 근처에서 직거래를 했고, 어느 회사 사람인지 밝히고 거래를 하니 이상한 물건을 파는 등 비매너 거래자가 나올 확률도 적어서 다들 친절하게 쿨매를 했습니다.

슈퍼 긍정 마인드로 땅따먹기 하듯이
전국으로 확장시키다

판교장터는 서비스 오픈 1~2개월이 지나자 판교 주민들에게도 서비스를 열어 달라는 문의를 많이 받았다. 회사 이메일 계정이 없는 주민들도 쓰고 싶다는 요청이었다. 그러다 남편이 판교 IT 회사에 다니는 주부 3명과 만난 뒤 판교장터는 많은 변화가 시작됐다. 서비스를 전국 단위로 확장하는 계기가 됐다.

이런 중고거래는 어린아이를 키우는 엄마들이 훨씬 더 많이 한다는 얘길 들었습니다. 지역 맘카페에 들어가 보니 정말 그랬고요. 시장 조사를 했더니 이메일 주소로 회사 고유의 도메인을 쓰는 사람들은 100만 명이 채 안 됐습니다. 그런데 24세부터 45세까지의 주부들로 타깃층을 바꾸니 예상 고객 군이 1,000만 명 정도가 나왔습니다. 직장인을 대상으로 하는 시장이 작다는 사실을 깨닫고 방향을 틀었습니다. 이름도 '당신 근처'의 앞글자를 딴 당근마켓으로 이때 바꿨습니다. 그리고 그들의 말이 맞았어요. 판교 주민 전체를 상대로 마케팅을 해 보니 직장인들과는 상대가 되지 않는 활동량을 확인했습니다.

판교장터가 당근마켓이 되면서, 더 이상 회사 이메일 인증 방식은 사용할 수 없었다. 낯선 사람들과 안전하고 기분 좋게 거래할 수 있도록 하는 장치가 무엇인지 고민이었다. 휴대폰 번호 인증과 판매자와 구매자 상호 간의 '매너온도' 평가가 그 해법이었다.

우리나라에서 휴대폰 번호는 실명과 직결되는 정보이기 때문에 일종의 주민등록번호와 같은 기능을 한다고 생각했습니다. 휴대폰 번호로 인증을 하면 혹시라도 문제가 생겼을 때 대응이 가능하겠다고 생각했어요. 다른 중고거래 서비스처럼 전국 거래가 아닌, 반경 4~6km 안쪽의 사람들과 동네에서 직거래를 하는 방식이다 보니 상호 간의 매너온도 평가도 의미가 있을 것이라고 봤습니다. 전국을 상대로 거래를 하면 같은 판매자를 다시 만날 일이 희박한데 당근마켓은 10명 중 1명은 다시 만나서 거래를 하고 있습니다. 상호 평가가 기분 좋은 거래를 유도할 수 있다고 본 거죠. 에이비엔비도 호스트와 방문객이 서로를 평가하도록 하는데, 이것이 서로에게 좋은 경험이 되도록 유도하거든요.

당근마켓 거래자가 약속을 한 번 어기면 경고를, 두 번째부터는 3~30일까지 이용 정지를 받는다. 한 번 이용 정지가 되면 매너온도가 크게 깎이다 보니 이용자들이 매너온도를 신경 쓰며 서로 기분 좋은 거래를 하고자 노력한다고 김 대표는 설명했다.

판교 테크노밸리 직장인에서 지역 주민들로 범위를 넓힌 당근마켓은 다른 도시로 확장을 시도했다. 판교와 가까운 수지에서는 비슷하게 잘되었지만, 이후 서비스를 오픈한 수원, 송파, 광교에서는 반응이 없었다. 광고비 1,000만 원을 썼는데도 실패를 해서 '당근마켓은 분당에서만 먹히는 서비스인가' 고민하면서 2개월가량 마케팅을 진행하지 않고 절망하던 시간도 있었다. 부천에서는 잘되었지만, 광주광역시에선 반응이 없었고, 제주도에서는 오픈하자마자 성과가 났다.

한 동네에서 잘된다고 다른 동네에서도 잘되는 것은 아니었어요. 땅따먹기를 하듯, 전국 각지에서 서비스를 활성화시키려는 노력을 2년 동안 이어 갔습니다. 새로 서비스를 열었을 때 반응이 신통치 않으면 힘들기도 했지만 너무 심각하게 생각하지는 않았어요. '실패할 수도 있지, 다른 곳을 또 열어 보자'라고 생각하면서 스트레스를 받지 않으려고 노력했습니다. 동네마다 특성이 너무 다른데 이런 조건 속에서 사업을 이어 가려면 '슈퍼 긍정 마인드'를 장착하는 것 말고는 답이 없어 보였습니다.

잘되는 곳은 왜 잘되는지, 안 되는 곳은 왜 안 되는지 나름대로 분석하기도 했다.

맘카페가 활발한 동네에선 잘 안 됐습니다. 유아용품 직거래는 맘카페가 꽉 잡고 있거든요. 그래서인지 반대로 맘카페 중고거래가 활발하지 않은 지역에서는 당근마켓을 통해 잠재되어 있던 중고거래 수요가 터졌습니다. 중고거래 사고를 방지하고자 댓글을 100개 이상 달아야 하는 조건을 두거나 한 달에 이틀만 중고거래를 할 수 있도록 장치를 두었던 곳들이죠. 분당, 수지, 부천처럼 대단지 신축 아파트가 많은 곳에서도 잘됐습니다. 어린아이를 키우는 젊은 엄마들이 많은 지역일수록 서비스에 대한 수용도가 높았습니다.

아파트 전단지 광고하다가 만든 수익 모델, 동네광고

2018년 1월 출시한 당근마켓의 첫 수익 모델은 '동네광고'다. 판교장터 시절부터, 당근마켓의 과제는 항상 가까운 범위의 지역 주민들에게 서비스를 알리는 것이었지만 이런 광고를 할 만한 공간이 없었다. 회사를 알리며 겪었던 결핍을 수익상품으로 발전시켰다. 반경 6km 정도, 당근마켓과 비슷한 범위를 두고 장사를 하는 농네 사상님들도 비슷한 고민이 있겠다고 생각한 것이다.

병원, 식당, 카페, 학원 등 동네에서 장사하는 사람들은 엄청나게 많은데 이 사람들도 마땅한 홍보 수단이 없겠더라고요. 동네 장사를 하는데 포털사이트에서 검색 광고를 할 수도 없고, 전단지를 돌리거나 페이스북 페이지를 만들어서 홍보를 하는 것은 반응이 없고요. 그 규모를 정확히 집계할 수 없겠지만, 이들이 효율적으로 홍보할 수단을 만들면 수조 원의 큰 시장이 되겠다 싶었어요. 이 시장을 잡으려면 동네 사람들이 매일 한 번씩 들어가서 오래 머무를 수 있는 서비스를 만들어야겠다고 생각했죠. 한때 자신이 어디에 있는지 위치를 보여 주는 포스퀘어라는 서비스가 반짝 인기 있었는데 포스퀘어처럼 단순 재미로 굴러가면 지속력이 떨어지니, 재미있으면서도 실생활에 도움을 주는 서비스가 되어야겠다는 방향을 잡았습니다.

2020년 8월 기준 당근마켓 지역광고 상품은 1천 회 노출당 비용이 페이스북(9,900원)이나 인스타그램(5,600원)보다 저렴한 4,000~5,000원 정도다. 지역에서 장사하는 사람들만 광고주로 받는다. 전국 단위 대기업 광고도 물밀듯 들어오지만 모두 거절하고 있다.

광고주와 소비자, 서로에게 진짜 의미 있는 광고가 되어야 하니까요. 당근마켓을 쓰는 사람들은 거의 100% 지역 주민이에요. 이들을 대상으로 동네 사장님들이 광고할 수 있는 공간을 열어 준 광고 상품을 내놓은 것입니다. 동네 사장님들은 그동안 광고할 공간 자체가 없던 사람들이었어요. 대기업에서 들어오는 광고도 동네에서 영업을 하는 동네 지점은 가능하지만, 전국 단위로 들어오는 광고는 모두 거절하고 있습니다. 앞으로도 몇 억을 준다고 해도 지역과 관계없는 광고는 모두 거절할 생각입니다.

회사 몸집이 커져도
좋은 문화를 유지하는 비결

김 대표는 창업을 고민하는 주변 사람들에게서 상담 요청을 받는 일이 부쩍 늘었다. 자신의 창업 아이템을 보여 주면서 어떠냐고 묻는 사람들이 많아졌다. 이런 사람들에게 김 대표는 'IT 회사나 스타트업에 직접 다녀보면서 일을 배워 보는 것이 먼저'라는 조언을 건넸다.

대학을 갓 졸업한 사람들이나 직장인들이나 마찬가지입니다. 시행착오를 겪을 수밖에 없는데, 서비스를 한 번도 만들어 보지 않은 상태에서 창업을 하면 실패 확률이 너무 크죠. 프로덕트를 만들어 보는 경험을 2~3번은 해야 한다고 생각하고, 다른 회사를 다니면서 그 경험을 넌서 해 보는 깃을 추천합니다. 이런 시간을 거친 뒤에 창업을 해도 성공하기가 힘든데, 앱 디자인, 기획, 개발 등 업무 전반에 대해서 잘 모르고 시작하면 백이면 백 실패합니다. 하지만 대학생을 대상으로 시작해서 크게 성공한 페이스북처럼, 대학을 갓 졸업한 창업자가 대학생을 위한 사업을 한다면 졸업 후 바로 해 봐도 좋은 것 같아요. 이런 경우가 아니라면, 경험을 갖고 창업을 하는 편이 더 좋다고 생각합니다.

당근마켓이 성과를 내기 시작하면서 김 대표의 고민도 늘었다. 좋은 문화를 유지하면서 기업 규모를 키우는 방법은 무엇인지 고민하고 있다. 이 질문에 대한 답을 찾고자 그는 해외의 거대 IT 기업을 들여다볼 뿐만 아니라, 자신이 거쳐 왔던 우리나라의 대표 IT 기업인 네이버와 카카오도 돌아보고 있다. 직원으로 일하면서 네이버와 카카오의 성장을 지켜보면서 느낀 점들이 이런 고민의 바탕이 됐다.

창업가 수업

처음엔 반짝반짝했던 네이버와 카카오도 조직이 커지고 대기업이 되면서 불가피하게 비효율성이 발생했다고 생각합니다. 이것을 어떻게 깰 지가 모든 IT 회사들의 큰 숙제죠. 회사가 성장하면서도 사용자를 만족시킬 새로운 서비스를 지속적으로 내놓고, 성공시키고, 또다시 성장하는 방식을 어떻게 만들어 나가야 할 것인지요. 애플이나 테슬라는 천재 1명이 탑다운으로 조직을 운영하고, 구글은 조직 내 구성원의 힘을 이용해서 이 같은 성장의 구조를 만들고 있죠. 당근마켓이 어떤 방향으로 나아갈지는 아직 잘 모르겠습니다.

지금은 경영자로서의 업무를 더 많이 하고 있다는 그에게 다시 기획자로 돌아가고 싶냐고 묻자 '그럴 수 없을 것 같다'는 답이 돌아왔다. '이제는 직원들이 제가 기획하면 무뎌진다는 말도 한다'면서 김 대표는 크게 웃었다.

2019년에는 영국에 진출했습니다. 일단 앞으로의 목표는 당근마켓을 전 세계적으로 많이 쓰는 동네 커뮤니티 서비스로 발전시키는 것입니다. 개인적인 목표는 좋은 경영자가 되는 것이고요. 성과를 계속 내면서도 좋은 문화를 계속 유지하는 회사, 그게 정확히 무엇인지는 모르겠지만 이런 회사를 만드는 게 목표입니다.
혁신은 조직이 커져도 사용자는 그런 변화를 느끼지 못하게 끔, 일관된 서비스를 제공할 수 있도록 사용자를 늘 맨 앞에 두는 것이라고 생각해요. 조직이 커지면 나의 안위, 내 조직의 안위가 중요해지기 마련인데, 그러다 보면 사용자가 겪고 있는 불편함을 아무도 해결해 주지 않는 상황에 빠질 수 있죠. 저는 그렇지 않으려고 합니다. 규모가 커지더라도 1순위에 사용자를 두는 회사를 만들고 싶습니다.

전 국민 라이브커머스

그립

— **김한나**

김한나 대표가 처음 라이브커머스 플랫폼을 만들겠다고 했을 때, 투자자들은 물론 가까운 회사 동료들까지도 모두가 "실패할 것"이라고 단언했다. 하지만 2021년 12월, 카카오는 그립컴퍼니에 1,800억 원의 투자를 단행했다.

커머스의 미래,
'라이브'로 설계합니다

2021년 유통업계의 화두였던 '라이브커머스'는 코로나 19 이전까지만 해도 강남이나 홍대 등 중국인 관광객이 많이 찾는 지역에서 볼 수 있는 중국인들의 문화에 불과했던 게 사실이었다. 라이브커머스는 판매자와 구매자가 모바일 라이브 영상과 실시간 소통으로 물건을 사고파는 e커머스(electronic commerce)의 한 유형으로, 코로나 19 이후 떠오른 비대면 소비 트렌드로 주목받고 있다. 대부분의 한국인들이 라이브커머스의 '라'자에도 관심이 없을 때, 김한나(1979년생) **그립컴퍼니** 대표는 "미래는 영상, 라이브에 있다"는 확신을 갖고 IT 업계 동료들을 모아 2018년 8월에 창업을 했다.

TV 프로그램 〈6시 내고향〉에 나오는 이웃 같은 과수원 주인 부부가 자신들이 키운 사과를 소비자에게 직접 판다면? 와인을 생산하는 마을의 농부들이 막걸리 대신 새참으로 마시는 와인을 나도 마셔 볼 수 있다면? 김한나 대표는 라이브 영상을 통해 이런 상상을 현실로 만들었고, 코로나 19 이후 새로운 트렌드로 자리를 잡고 있다. 이제는 신세계, 아모레퍼시픽, 애경 등 기존 유통 기업들에게 라이브커머스 소프트웨어를 판매하기도 한다.

하지만 김한나 대표가 처음으로 라이브커머스 플랫폼을 만들겠다고 했을 때, 투자자들은 물론 가까운 회사 동료들까지도 모두가 "실패할 것"이라고 단언했다. 사람인지라, 안 될 것이란 말을 들으니 자신감이 떨어졌고 정말로 망할 수도 있겠다는 걱정에 위축되기도 했다. 하지만 돌아서서 다시 생각해 봐도 답은 결국 라이브커머스였다. 그 이유가 무엇이었을까? 서울 강남역 근처에 있는 그립컴퍼니 사무실에서 만난 김 대표에게 '그럼에도 불구하고' 라이브커머스를 밀어붙인 이유에 대해 물어보았다. 그는 애초에 그렸던 라이브커머스의 '원형'이 무엇인지, 어떻게 그런 상상을 할 수 있었는지 '원석'의 이야기를 들려줬다.

국제구호활동가를 꿈꾸다가
IT 벤처기업에서 시작한 직장 생활

김한나 대표는 1997년에 미국 샌프란시스코주립대에 입학했는데, 당시 우리나라는 IMF 외환 위기를 겪고 있었다. 대학 졸업 후에는 자신의 진로로 사업은커녕 일반 기업에 취업하는 것에도 큰 관심이 없었다. 그런 그가 처음 면접의 문을 두드렸던 곳은 '월급 80만 원'을 주는 비정부기구(NGO) 활동가 자리였다.

유학 초기에는 부모님의 지원을 받았지만 1년 만에 학비와 생활비가 모두 끊겼어요. 아버지가 다녔던 대우자동차가 기울면서 집안도 함께 어려워졌죠. 학업과 아르바이트를 병행하고, 학비가 없을 땐 아예 등록을 못하기도 했어요. 정말 겨우 졸업을 했어요.

대학에서 국제관계학을 전공하면서 세계의 관계를 배웠고, 개발도상국의 아동을 돕는 삶을 살고 싶다는 꿈을 갖게 되었어요. 부모님은 배고프게 살게 될 것이라면서 만류하셨지만 저는 괜찮았어요. 우선 시민단체에서 일을 하다가 유엔개발계획(UNDP)과 같은 국제기구로 가겠다는 계획을 세웠죠.

돈을 많이 버는 것보다 의미 있는 일을 하며 살겠다고 마음먹었지만, 한 NGO의 면접에서 받았던 질문은 삶의 방향을 트는 계기가 됐다.

적은 돈을 받고 힘들게 일해도 저는 정말 괜찮았어요. 꿈이 있었으니까요. 그런데 면접관이 도리어 이 월급을 받고 일하는 것이 정말 괜찮은지 다시 생각해 보라고 되묻더군요. 그때 생각했어요. 왜 80만 원밖에 못 준다는 걸까? 돈이 뭘까? 내가 몸과 시간을 희생해 세상을 나아지게 할 수도 있지만,

돈으로도 나아지게 할 수 있다는 뜻일까? 이런 고민을 하다 27살이었던 2005년 한 IT 벤처기업에 취업했습니다.

김한나 대표가 첫 사회생활을 시작한 곳은 산업용 스마트폰을 제조하는 벤처기업 **블루버드**였다. 그는 이 회사의 해외영업 담당 사원으로 사회생활의 첫발을 뗐다.

롬(ROM, read-only memory)*과 램(RAM, random-access memory)**도 구분할 줄 몰랐지만 그래도 IT가 미래일 것 같았어요. 당시에는 대기업에 입사하면 처음 1년은 팩스만 보내야 한다는 얘길 들었지만 벤처기업에서는 내가 주도적으로 일해 볼 수 있을 것 같았죠. 미국에서 유학했으니 하다못해 영어라도 도울 수 있겠지, 이런 생각이었습니다. 당시 블루버드는 이제 막 해외 사업을 시작하려던 시기였어요. 회사가 미국 진출을 하기 위해 필요한 각종 인증과 판로 개척을 하는 데 주도적인 역할을 했어요. 제로에서 시작한 블루버드의 해외 사업은 8년 만에 매출 900억 원 규모로 성장했는데 저도 중추적인 역할을 했죠. 32살에 임원인 경영전략실장까지 올라 6개 팀을 지휘해 봤죠.

---

* 저장된 내용을 자유롭게 읽을 수 있지만, 사용자가 내용을 변경할 수 없는 컴퓨터 기억 장치
** 저장된 내용을 임의로 읽거나 변경할 수 있는 기억 장치

미래는 영상과 라이브에 있다

2014년, 김 대표는 네이버로 자리를 옮겼다. 하드웨어 기업에서 일하면서 그다음에 올 미래는 '소프트웨어'에 있다고 느꼈기 때문이었다.

하드웨어 회사에서는 항상 소프트웨어와 함께 상품을 팔았어요. 결국 콘텐츠가 있어야 하드웨어도 작동하니까요. 그러다 보니 소프트웨어의 강력한 힘을 깨닫게 되었습니다. 또 하드웨어는 제조하고 보완하는 데 시간과 비용이 많이 들지만, 상대적으로 소프트웨어는 조금만 수정해도 큰 변화가 가능하더라고요. 다루는 상품이 유연한 만큼 소프트웨어 회사들은 조직도 유연하게 작동한다는 생각이 들었죠. 블루버드에 8년 넘게 다닌 뒤, 또 다른 새로운 경험을 하고자 네이버로 이직을 했습니다.

김 대표는 네이버에서 5년 동안 일하며 카메라 앱 서비스 **스노우**와 모바일 라이브 퀴즈쇼 **잼라이브** 등 1020 세대를 겨냥한 네이버의 모든 사진, 영상 서비스의 마케팅을 총괄했다. 이 시기에 MZ세대의 영상 소비 증가를 눈으로 목격했다.

처음엔 사진 서비스가 터졌고, 그다음은 영상으로 넘어가더니 곧 라이브가 활성화되더라고요. 교복을 입고 학교만 다니는 친구들이 찍어 올릴 콘텐츠가 있을지 의문스러웠지만, 이들에겐 숟가락 하나도 사진으로 찍어서 어딘가에 올리는 게 일상이었습니다.

영상은 네이버 밖에서도 폭발적으로 성장하고 있었다

젊은 친구들이 네이버 같은 전통적인 검색 엔진이 아닌 유튜브에서 정보 검색을 하는 모습이 일단 충격이었어요. 또 틱톡처럼 짧은 영상이 크게 유행하는 한편, 스마트폰의 무제한 데이터 요금제가 보편화되면서 길이가 긴 영상도 소비가 늘어났죠. 그 전엔 데이터 요금이 부담돼 긴 영상을 잘 안 보기도 했거든요. 영상의 성장은 파편적 현상이 아닌, 종합적인 현상이었어요. 이런 성장의 바탕에는 영상을 통해 느낄 수 있는 '리얼리티의 매력'이 자리 잡고 있다고 보였고요.

10년 넘게 마케터로 직장 생활을 해 온 김 대표는 영상과 마케팅을 연결했다. 이는 '라이브커머스'라는 사업 아이디어로 발전했다.

광고주들은 늘 자신이 돈을 잘 쓴 것인지 확인할 수 없어서 답답해했어요. 물건을 팔기 위해 인플루언서 마케팅을 하면서 돈을 썼고, 판매를 위한 비용이 또 한 번 나가는데, 이 돈이 효과적으로 쓰이는지 트래킹이 쉽지 않아서였죠. 그런데 라이브커머스라면 이 문제를 해결할 수 있어요. 영상이 끝나는 순간 마케팅과 판매 효과를 확인할 수 있는 방식이니까요. 이처럼 문제점도 해결할 수 있고 시장도 큰데, 왜 아무도 이 사업을 안 하는지 생각했죠.

판매자와 소비자에게도 좋을 것 같았어요. 산지의 농민이나 제품 생산자가 소비자와 바로 연결되면 서로 더 큰 이익을 누릴 수 있으니까요. 누구나 영상 기술을 활용할 수 있는 시대가 열렸는데 왜 아무도 안 할까? 또 생각했죠. 그러다 아무도 안 하고 있다면 제가 시도해 보기로 마음먹었어요. 이 시장은 반드시 성장할 거란 확신이 있었거든요.

어렴풋한 아이디어 수준이었지만 2018년 8월, 네이버를 퇴사하면서 함께 일하던 동료 4명과 함께 그립컴퍼니를 차렸다.

그립의 성공은 알 수 없지만, 라이브커머스는 무조건 성공한다

라이브커머스 플랫폼 **그립**은 2019년 2월에 출시됐다. 아이디어 단계에서부터 실제 출시까지, 김 대표에게 라이브커머스가 성공할 수 있다고 말하는 사람은 아무도 없었다.

모든 사람이 저에게 실패할 것이라고 했어요. 남들이 안 하는 데에는 다 이유가 있는 거다, 성공 사례가 전혀 없는데 그립이 할 수 있겠냐는 얘기였죠. 퇴사 전까지 직장 동료들에게서도 '안 될 것'이라는 말을 숱하게 들었습니다. 투자자들도 '중국에서 성공했다고 우리나라에서도 성공할까?', '만에 하나 잘되더라도 거대 유통업체가 뛰어들면 살아남을 수 있을까?' 등의 회의적인 질문을 쏟아냈어요.

안 될 것이라는 말만 듣다 보니 위축되고 고민도 깊어졌지만 고민 끝에 내린 결론은 "그립의 성공은 알 수 없지만 라이브커머스 시장은 무조건 성공한다. 아무도 안 하고 있다면 그립이 한 번 도전해 보자"였다.

제가 본 젊은 세대의 움직임은 결국 이 시장을 가리키고 있었으니까요. 그리고 언제 어디서나 방송을 할 수 있다는 편리함은 유저에게도 셀러(판매자)에게도 편리할 것 같았어요. 'Everyone can sell(모든 사람은 물건을 팔 수 있다)'라는 문장을 그립의 비전으로 세웠습니다.

결론을 내린 뒤엔 라이브커머스가 무엇인지 전혀 모르는 한국 시장을 학습시키는 일을 했다. 소상공인과 제조업자 등 판매자들은 유튜브가 대세가 되는 상황을 지켜보면서 디지털 전환에 대한 고민을 나름대로 하던 터라 필요성은 이미 알고 있었지만, 라이브 방송을 판매에 어떻게 적용해야 할 지를 몰랐다.

라이브는 따로 영상 편집을 할 필요가 없어서 제작이 쉽고, 고객과 영상통화를 한다고 생각하면 된다고 먼저 설득했어요. 여기에 공감한 셀러들은 자신의 손님을 이끌고 그립에 입점했어요. 하지만 그다음 문제는 일반인 판매자들이 라이브 방송을 할 줄 모른다는 것이었어요. 카메라를 켜 놓고 말도 못하고 가만히 앉아 있기만 했죠. 유상무, 장동민, 강예빈, 백보람 등 연예인을 그리퍼(셀러가 아닌, 홈쇼핑의 쇼호스트 역할과 비슷한 그립의 라이브방송 진행자)로 섭외해 일종의 샘플 콘텐츠를 만들었어요. 라이브 영상을 통한 소통은 이렇게 하는 것이라고 직접 보여 준 거죠. 이제는 일반인 판매자가 자연스럽게 시청자의 닉네임을 불러 주거나 댓글을 읽어 주는 수준으로 발전했어요. 선착순 판매를 하거나 경매 등 게임을 하는 방식으로 물건을 사고팔기도 합니다.

모두가 안 될 것이라고 했던 라이브커머스 사업은 서비스 출시 10개월째인 2019년 11월부터 숫자로 성장세가 나타났다. 성과를 보이고 있던 가운데 일어난 코로나 19 팬데믹은 성장세에 속도를 붙였다. 수억원대였던 2019년 거래액은 2020년 243억 원으로 늘었다. 첫 6개월 동안 49개

입점업체를 겨우 모았지만, 2021년 1월을 기준으로 하루에 50~100개 업체가 꾸준히 신규로 들어오고 있다. 누적 입점업체 수는 8천여 개, 7명이었던 직원도 40여 명으로 늘었다. '라이브커머스 솔루션 구독'으로 사업 영역도 확대됐다.

신세계 등 기존 유통사들이 라이브커머스를 도입하면서 그립의 솔루션을 쓸 수 있는지 문의가 많았어요. 원하면 누구나 사용할 수 있는 '오픈 API*'로 솔루션을 개방해 소프트웨어 구독 상품을 내놓았습니다. 유통사가 원래 갖고 있던 앱에 연결만 하면 바로 라이브커머스가 가능한 방식으로 만들었습니다. 2021년 1월 기준으로 신세계, 아모레퍼시픽, AK, 홈플러스 등 10여개 회사가 고객사입니다. 2020년 하반기 이 업무를 담당하는 조직을 새로 만들어서 2021년부터는 솔루션 구독 사업도 본격적으로 영업을 시작해 보려고 해요.

---

* 'open application program interface'로, 검색, 블로그 등의 데이터 플랫폼을 외부에 공개하여 다양하고 재미있는 서비스 및 애플리케이션을 개발할 수 있도록 외부 개발자나 사용자들과 공유하는 프로그램을 말한다. 구글은 구글맵의 API를 공개해 친구찾기·부동산 정보 등 300여 개의 신규 서비스를 창출했다.

창업가 수업

그립은 순항 중이지만
거대 플랫폼 기업이라는 큰 파도가 일렁인다

실패할 거란 예상을 깨고 그립과 라이브커머스 시장은 순항 중이다. 그립이 처음 출범할 때와 달리, 2020년 코로나 19를 거치면서 라이브커머스는 유통업계의 화두가 됐다. 2020년 봄, 네이버와 카카오가 차례로 뛰어들며 본격적으로 시동이 걸렸고, 신세계, 롯데 등 유통 대기업들도 라이브커머스 사업을 활발히 펼치고 있다. IT업계가 주도하는 가운데 유통업계도 경쟁적으로 뛰어드는 모양새다.

하지만 김 대표는 개척자로서의 뿌듯함보단 사업 모델의 정착에 대한 걱정이 더 크다고 했다.

조심스러운 이야기지만, 지금 라이브커머스에 뛰어드는 많은 기업들은 애초에 제가 생각했던 것과 전혀 다른 모습입니다. 그립은 판매자와 소비자가 중간 단계 없이 직접 만나서 소통하는 모습을 그리며 태어났어요. 직접 소통하는 장이 열리면 재미도 있고 효용도 높아지면서 세상이 좀 더 나아질 수 있지 않을까 하는 스타트업으로서의 꿈과 비전을 담아서요. 하지만 자본력이 있는 기업들은 PD와 작가가 붙어서 영상을 구성하고 스튜디오에서 방송용 카메라를 써요. 그립의 판매자들이 지하상가 '내 가게'에서 성능이 떨어지는 '내 스마트폰'으로 영상통화를 하듯 방송하는 모습과 전혀 다릅니다. 가격, 구조, 시스템 등등 '라이브커머스는 이런 것'이라고 보여지는 모습이 제가 애초에 생각했던 것과 다르게 흘러가는 것도 사실입니다. 시장의 비전이 왜곡될 것 같다는 우려도 있죠.

대기업들이 돈을 쏟아부으며 뒤늦게 라이브커머스에 힘을 주는 상황에서 그립의 생존 전략은 '그립 감성'을 지키는 것이라고 김 대표는 설명했다. 시장에 뛰어드는 다른 큰 기업들이 아닌, 유저에게 무한정 집중할 생각이라고도 했다.

그립에서 소통하고 있는 판매자와 구매자를 보면 분명 다른 라이브커머스와는 다른 그립만의 색깔이 있습니다. 소통을 하다가 게임, 경매, 랜덤 추첨, 선착순 판매 같은 놀이가 자연스럽게 만들어지더라고요. 그러다 보면 스마트폰 통신 속도가 달라서 누가 먼저 답을 맞혔는지를 두고 다툼 아닌 다툼이 벌어지곤 합니다. 이런 불편 없이 그립 이용자들이 편하게 서비스를 이용할 수 있도록 회사 쪽이 기술 개선을 빠르게 하는 거죠. 이용자들의 요구에 빠르고 정확하게 응답하면서 유저들에게 더 많이 사랑받는 것이 목표입니다. '소통의 노하우를 기술로 만드는 것'이 바로 그립의 감성이죠.

김 대표는 '응원받는 여성 창업가'로서도 어깨가 무겁다. 그는 여성

창업가 수업

에게 특히 척박한 스타트업 생태계에서 드물게 성과를 내고 있는 여성 창업자로 꼽힌다. '김 대표의 그립'이 잘 돼야 후배 여성 창업자들이 더 많이 나올 수 있을 것이라는 기대와 격려 그리고 부담을 동시에 받고 있다. 김 대표는 "저는 다행히 창업 과정에서 특별히 부당한 경험을 하진 않은 것 같다"면서도 "여성 창업자가 투자를 꾸준히 받으면서 사업을 키워 가는 것이 쉽지 않은 환경인 것은 분명하다"고 말했다.

비슷한 시기에 첫 투자를 받았던 다른 여성 창업자들이 몇 명 있었어요. 출발은 같았지만 지금은 위치가 다 다르죠. 사업의 성패에는 여러 요인이 영향을 미치지만, 여성 창업자는 연속적으로 투자를 받는 게 쉽지 않아요. 이건 우리나라만의 현상이 아니더라고요. 구글의 아시아 여성 창업자 프로그램을 통해 여러 나라의 창업자들과 소통하면서, 심지어 실리콘밸리에서도 성공한 여성 창업자가 드물다는 사실을 알게 됐어요. 지금은 그립을 더 키우는데 집중할 시기이지만, 여성 창업자들에게 도움이 되는 일을 언젠가 해야겠다는 생각을 늘 가지고 있습니다. 그걸 위해서라도 그립을 더 잘 키우고 더 좋은 사람이 되고자 매일 노력합니다.

모든 사람이 실패할 것이라고 했던 사업에 한 번 뛰어들어 보자, 이런 용기를 낼 수 있었던 것은 가장 좋아하는 한 선배가 했던 말 덕분이었어요. '일단 시작해라. 그리고 자신감 있는 말을 해라. 내가 하는 말을 가장 먼저 듣는 첫 번째 청자는 나다.' 라이브커머스가 무엇인지 시장을 학습시키고 투자자, 유저 들을 설득시키는 과정이 정말 힘들었어요. 모두가 확신이 없었거든요. 그때 솔직히 자신감이 많이 떨어졌었어요. 하지만 투자 미팅을 준비하면서 내가 왜 이 사업을 해야 하는지 이유를 튼튼하게 만들었고, 투자자와 유저 들을 끊임없이 만나서 수백 번, 수천 번 같은 이야기를 하면서 설득했어요. 이 시장은 성공할 거라고. 그 설득의 말을 제가 계속 들었어요. 제1청자 김한나가 계속 듣다 보니 점점 스스로에게 확신이 생겼어요. 시장이 어떻게 성장할지 이미지화되었고, 자신감도 생겼죠. 그래서 저 자신이 가장 중요하다는 걸 새삼 알게 됐습니다. 창업을 고민하시는 수많은 분들도 저처럼 용기를 내어 시작하고 긍정적인 확신을 할 수 있었으면 좋겠습니다.

2021년 12월 3일, 카카오는 그립을 운영하는 그립컴퍼니에 1,800억 원의 투자를 단행해 그립컴퍼니의 지분 약 50%를 확보할 예정이라고 밝혔다. 이 투자로 카카오는 그립컴퍼니의 최대 주주로 올라 경영권을 확보했다. 카카오가 모바일 커머스 영역에 더욱 힘을 쏟는 차원에서 라이브커머스 서비스를 강화하는 것으로 볼 수 있다. 카카오는 그동안 홈쇼핑과 비슷하게, 유명 브랜드 중심으로 상품을 선택해 연예인 판매자를 앞세우는 방식의 라이브커머스 서비스를 진행했다. 카카오 플랫폼에서 일반인 판매자도 라이브 방송 판매를 할 수 있도록 외연을 넓히는 전략 속에서 그립을 인수한 것으로 시장은 보고 있다.

그립 　　김한나

돌봄은 더하고, 걱정은 덜하게
케어닥

── 박재병

우리나라는 2017년 고령사회에 진입했고, 2025년이면 초고령사회에 접어들 전
망이다. 이에 따라 돌봄, 요양 서비스의 수요도 점점 커지고 있다. 하지만 수요자
가 찾을 수 있는 정보는 단편적이고 부족하다. 케어닥은 이런 문제를 해결하고 특
화된 서비스를 제공하는 국내 첫 시니어 간병·요양 정보 플랫폼이다.

고령화 시대,
돌봄의 표준을 만들어 갑니다

박재병(1989년생) **케어닥** 대표를 창업으로 이끈 감정은 '분노'
였다. 박 대표는 2017년 부산 범일동 쪽방촌에서 주말마다 봉사활동을 하
면서 노인 매매에 가담하는 것으로 의심되는 요양병원 관계자들을 목격
한 뒤 며칠간 잠을 이루지 못할 만큼 화가 났다고 했다.

주말마다 만났던 할머니, 할아버지가 요양병원에 팔려 갈 수
도 있다니! 노인들을 위해 만든 시설에서 어떻게 그런 일이
일어나지? 브로커를 통해 팔려 가는 노인을 내가 막을 수는
있을까? 무슨 권리로? 몇 명이나 막을 수 있을까? 요양시설
에 있는 노인들은 행복할까? 이런 질문이 꼬리에 꼬리를 물
었죠. 뭐라도 해야겠다는 생각이 강하게 들었습니다.

2017년 고령사회에 진입한 우리나라는 오는 2045년 65세 이상 노인의 비율이 37%까지 올라 세계에서 고령 인구 비중이 가장 높은 나라가 될 전망이다. 노인 돌봄은 오랫동안 가족끼리 해결해야 하는 '효도'로 여겨지다 핵가족화 등으로 가족 구조가 변하면서 사회가 개입해야 하는 '문제'로 떠올랐다. 하지만 공공 영역이 모든 돌봄을 감당하기는 사실상 불가능하고, 수익성을 고려해야 하는 민간 영역에서는 존엄한 돌봄을 기대하기 어려운 게 현실이다.

노인 인구는 빠른 속도로 늘어나고 있지만 반면에 노인 돌봄의 기반은 취약한 상황에서 현실적인 해법은 무엇일까? 국내 첫 간병·요양 정보 플랫폼 케어닥을 창업한 박재병 대표를 만나 이야기를 나눴다. 케어닥은 간병·요양 서비스와 관련한 정보를 제공하는 플랫폼 스타트업으로, 정보 비대칭을 해소하고 노인의 헬스케어 사업에 진출하려는 계획을 세우고 있다. 노인 돌봄의 해법을 쉽게 찾을 순 없지만, 이 회사에 모인 박 대표와 40여 명의 직원들은 '어떻게 해야 모두가 마음 편히 늙고 아플 수 있을까?'라는 본질적인 질문에 발을 딛고 하나씩 단서를 찾아가고 있는 것만큼은 분명해 보였다.

부산 범일동 쪽방촌에서
요양병원 브로커를 마주한 뒤 만든 '케어닥'

박 대표는 쪽방촌에서 했던 자원봉사를 계기로 창업의 길에 들어섰다.

창업가 수업

이따금 쪽방촌에 찾아와 어르신들에게 선물을 주고 가는 낯선 사람들을 봤죠. 누구냐고 물어도 제대로 답을 하지 않더라고요. 사회복지사도 공무원도 아니라고 했습니다. 알고 보니 요양병원에서 나온 사람들이었습니다. 사회복지사로 요양원에서 일하던 친누나에게 묻자, 나중에 자신과 연결된 요양기관으로 어르신들을 보내고 중간에서 돈을 받는 불법 행위를 하는 사람들일 가능성이 있다고 하더라고요. 저에겐 제대로 답을 안 했으니 그 사람들이 누구인지는 지금도 모르지만, 당시엔 잠을 못 이룰 정도로 화가 났고 창업의 계기가 됐습니다.

노인 인구가 늘어나면서 전국에 우후죽순으로 들어선 요양병원과 요양시설은 환자 유치 경쟁이 치열하다. 요양병원이 건강보험료 수익을 노리고 환자 일인당 수십만 원씩의 소개비를 주며 환자를 거래하는 불법 행위는 종종 수면 위로 드러났다. 대표적인 사례로 2014년 인천의 요양병원 베스트병원이 노숙인을 유인해 가짜 환자로 둔갑해 입원시킨 일이 알려지며 큰 사회적 파장이 일기도 했다.

노인에게 유독 눈길이 갔던 데에는 그의 가족들도 영향을 미쳤다. 박 대표의 아버지는 중풍으로 쓰러졌고, 할머니는 치매를 앓다 돌아가셨다. 아픈 가족을 돌본 사람은 그의 어머니였다.

원래 26살에 삼성물산과 이랜드에 취업했지만 결국 출근하지 않았어요. 26년 동안 취업을 향해 앞만 보고 달렸지, 제대로 된 진로 고민은 해 본 적이 없구나 싶었거든요. 무엇보다 취업 준비 기간에 아버지가 뇌졸중으로 쓰러지셨던 사실을 뒤늦게 알게 되면서 어떻게 살아야 할지 고민이 컸습니다. 대기업 첫 출근 대신, 군에서 장교(ROTC)로 복무하며 모아 둔 돈으로 3년 동안 세계여행을 했고, 의미 있는 일을 해 보고 싶어 봉사활동과 창업을 했죠.

2018년 4월 부산에서 '원모어스텝'이라는 법인을 설립해 처음 내놨던 서비스는 **기부**였다. 걸으면서 광고를 보면 광고 수익의 일부가 노인에게 가는 서비스였지만 실패했다. 광고 수익의 규모 자체가 작았고, 그 수익을 얼마의 비율로 나눠야 노인에게도 의미 있게 도움이 되고 회사도 유의미한 크기로 성장할지에 대한 답도 없었다. 어떻게 사업을 전환할까 고민하다 '내 눈으로 봐서 내가 가장 잘 알고, 가장 큰 문제라고 생각했던' 노인 요양 서비스를 다뤄 보자고 결심해 케어닥을 시작했다.

돌봄 서비스의 수요자와 공급자의 정보 균형 맞추기

2018년 10월 맞춤 안심 돌봄 서비스 케어닥으로 두 번째 사업에 도전했다. 간병인, 요양보호사 등 돌봄을 제공하는 사람과 요양병원, 노인 장

창업가 수업

기 요양시설 등 요양기관의 정보를 제공하는 플랫폼을 내놨다. 돌봄을 받는 노인에게 필요하면서 동시에 비용을 지불하는 자녀가 부모에게 주고 싶은 돌봄 서비스, 간병인이나 요양보호사가 실제로 해 줄 수 있는 돌봄 서비스는 무엇인지 감안해 돌봄이 이뤄지려면 '정보 비대칭 해소'가 첫걸음이라고 보고 케어닥 서비스를 만들었다. 2021년 3월 기준, 전국 요양기관 4만 1,205곳과 케어닥의 교육을 받은 간병인과 요양보호사 600여 명이 등록돼 있다. 케어닥 서비스를 이용하는 회원들은 3만여 명이다.

박 대표와 공동 창업자들이 맨 처음 구축했던 서비스는 노인 요양 수요자—공급자 간의 '정보 균형'을 위해 요양병원이나 노인 장기 요양시설의 평가 등급을 공개하는 것이었다. 간병, 요양과 관련해 참고할 만한 정보가 없고, 있어도 공개하지 않았고, 그렇기 때문에 애초에 정보를 찾아볼 생각조차 하기 어려운 현실을 바꾸고 싶어서였다.

전국의 요양기관은 약 4만여 개로 치킨 가게 숫자와 비슷한 수준이에요. 사람들은 2만 원짜리 치킨 한 마리를 시켜 먹을 때도 리뷰를 살펴보고 맛집을 찾아보지만, 한 달에 200만 원 이상을 지불하는 간병·요양 서비스를 이용할 때는 이보다도 정보를 찾아보지 않죠. 어르신 쪽이 간병인이나 요양병원을 선택할 때 참고할 정보가 제대로, 쉽게 제공되지 않았던 탓이 큽니다. 엄청난 지출이 이뤄지는 데 비해 제대로 된 정보를 얻기가 어려워 '알음알음' 찾아보고 '시간만 맞으면' 간병을 받게 되는 점부터 바꾸고 싶었습니다.

요양정보 서비스 체계를 먼저 구축하고, 이후 간병 정보로 발전시키자는 계획을 세웠다. 국민건강보험공단이 매년 공개하는 요양기관 평가 결과부터 정리하려고 했지만 처음엔 불가능했다.

완벽한 지표가 아니더라도 건강보험공단의 평가 등급과 세부평가항목을 공개하면 의미가 있을 것 같았어요. 하지만 건강보험공단이 이 정보를 넘겨주지 않았죠. 그나마 공개되던 정보도 일반인이 찾기는 어려웠고, 충분한 정보를 담고 있지도 않았습니다. 평가 결과 데이터를 어떻게 가져올까 방법을 알아보다가 2018년 여름 보건복지부가 열었던 보건의료데이터 활용 공모전에 참가했어요. 이 대회에서 입상해서 공공데이터에 접근할 권한을 확보했고, 전국 요양기관의 평가 결과를 가공해 케어닥에서 보여 줬습니다.

케어닥의 '장기 요양시설 찾기' 서비스는 각 요양기관의 평가결과뿐만 아니라 의료진과 돌봄 인력의 현황, 입소 인원수, 돌봄 프로그램, 수가 등의 정보, 이용자들의 후기를 보여 준다. 동네마다 있는 요양기관의 평가결과를 정리해 공개하자, 처음에는 각 요양기관에서 항의 전화가 빗발쳤다. '보건복지부도 가만히 있는데 왜 공개하냐? 당장 정보를 내리라'는 전화였다.

고소하겠다는 말은 기본이었죠. 결국 안 했지만요. 처음엔 반발이 컸지만 노인 돌봄이 점점 사회 이슈로 부각되니 인식이 바뀌는 것 같아요. 요즘은 무작정 항의하기보다는 변경된 기관 정보를 반영해 달라는 연락이 많이 옵니다. 플랫폼이 환자를 유치할 수 있는 한 통로라는 생각을 조금씩 하는 것 같습니다.

간병인과 노인이 지켜야 할
기준을 세웁니다

케어닥이 운영하는 '케어코디'는 집이나 요양병원에 있는 노인을 돌볼 사람이 필요할 때 신청하는 케어닥의 자체 간병인과 요양보호사다. 해외의 현황 등을 참고해 케어닥이 나름대로 정리한 '간병 서비스의 표준'을 학습한 인력이다. 간병인이나 요양보호사는 노인이나 환자에게 어떤 서비스를 제공하고, 간병을 받는 쪽은 어떤 대가를 지불해야 하는지, 서로 무엇을 주고받으면 되는지 합의되거나 정해진 내용이 아직은 없다. 간병인(서비스 제공자)과 간병을 받는 노인(최종 소비자), 간병비를 내는 자녀(비용 지불 소비자) 등 서비스와 관련된 사람들의 생각도 모두 다르다. 이는 돌봄을 구성하는 사람들 간에 다툼의 불씨가 되곤 한다.

간병인이 무엇을 해야 하는지 정해진 게 없으니 어르신 쪽에서는 집안일 같은 돌봄과 상관없는 일을 분별없이 시키는 일이 많죠. 극단적으로는 간병을 받던 어르신이 돌아가시면 '간병인이 밥을 먹였으니 간병인 책임'이라는 공격마저도 받습니다. 간병인이 집 안에서 폭력 등 부당한 대우에 쉽게 노출되기도 하고요. 반대로 간병인이 '일을 더 해 줄 테니 돈을 더 달라'는 요구를 하기도 합니다. 서로 무엇을 지켜야 하는지 모르기 때문에 벌어지는 일들이죠.

이런 문제는 간병인을 구할 때부터 시작된다. 간병인이나 재가요양보호사는 주변에서 사람이나 센터를 추천받아서 전화로 구하는 방식이 일반적이다. 돌봄을 받을 사람이 어떤 질환을 갖고 있고, 키와 몸무게 등 어떤 신체조건 가졌는지를 면밀히 고려하기 어렵다. 간병인이 어떤 조건의 사람들을 잘 돌볼 수 있는지 경험이나 전문성에 대해서도 정리된 게 없다. 간병인과 노인은 오랜 시간 함께 있으니 말수가 많은지, 종교는 무엇인지 등을 비롯하여 인간적 특징이 잘 맞는지도 중요하다. 하지만 이런 점들을 고려하지 않고, 심지어 간병인의 성별도 모른 채 일정이 맞으면 그냥 연결되는 경우도 있다. 간병인이 자기가 감당할 수 없는 환자라고 여겨 그냥 돌아가면, 노인 쪽은 당장 필요한 돌봄을 받지 못하고 간병인은 생활비를 벌 수 없다.

케어코디는 이런 상황을 최소화하고자 최종 소비자인 어르신을 우선적으로 고려해 간병인과의 매칭이 이뤄질 수 있도록 서로가 생각할 요소를 제시해 줍니다. 현장에 나가는 케어코디에겐 어떻게 목욕을 시키고 식사를 제공해야 하는지 알려 주고, 추가로 돈을 달라고 요구해선 안 되며 휴가를 가야 할 경우 미리 말을 해야 한다는 등 기본적으로 지킬 내용을 정해 주죠. 케어닥 플랫폼에서 케어코디를 추천·매칭할 때도 양쪽을 합리적으로 중재하는 방안은 무엇인지 고민하며 알고리즘을 만들고 있습니다.

이렇게 만든 나름의 표준이 돌봄 현장에서 실제로 잘 작동하도록 평가 서비스도 제공한다.

어르신 쪽은 케어코디의 서비스 품질에 대해 별점 평가와 후기를 남길 수 있습니다. 케어코디도 무리한 요구를 받았다면 회사 쪽에 알리고요. 물론 플랫폼 차원에서 어르신 쪽에 강제 조처를 하긴 어렵습니다만, 집안일 같은 돌봄을 벗어나는 일을 지속해서 요구하면 경고 메시지를 전합니다. 서비스가 불가하다고 판단되는 악성 이용자라면 강제로 이용을 종료시킬 수도 있습니다.

이 회사가 운영하는 수익 모델은 일단 회원 간병인으로 등록한 '케어코디'에게서 받는 월 10만 원 정도의 회비다. 간병비를 적게 받는 간병인에게는 회비를 받지 않는다. 이용자들이 지불하는 간병비에서도 일부 수수료가 나가지만 결제 대행 수수료 등이 대부분이다. 요양병원 등 기관

과 관련된 수익 모델은 아직 실행하지는 않지만 광고를 받을 계획이라고
한다.

노인이 더 오래 건강할 수 있게 하는
시니어 헬스케어 사업도 계획

정보 비대칭 해소 다음으로 케어닥이 진출하고자 하는 사업은 노인의 헬
스케어다. 안 아픈 노인이 더 오래 건강할 수 있도록 돕는 방안을 찾겠다
는 취지다. 이를 위해서는 노인의 건강 데이터가 필수지만, 현재는 간병
받는 노인 등에게 활용 가능한 데이터가 없다. 그동안 간병받는 노인의
건강 정보가 체계적으로 구축되지 않은 탓이다. 이에 케어닥은 케어코
디들에게 매일 간병 일지를 쓰도록 해서 정보를 만드는 작업부터 하고
있다. 간병받은 노인의 정보는 일차적으로 당사자들에게 제공되고, 그다
음은 보험·금융사의 상품 개발을 위한 컨설팅 재료로도 쓰일 예정이다.
보험·금융사가 노인들의 건강 서비스 수요 정보를 제대로 알고 현실성
있는 상품을 개발할 수 있도록 하고, 노인 쪽에게 이익이 되는 적절한 상
품을 매칭하는 방향이라고 한다. 현재 하나은행, 라이나생명 등과 시니어
상품 개발을 위한 업무협약을 맺었다.
　　하지만 보험사 등에게 노인의 건강 정보를 직접 넘기는 제3자 제공
이나 가명처리된 정보의 판매는 하지 않을 생각이라고 분명히 선을 그
었다. 간병받은 노인의 정보는 케어닥(개인정보 처리자)과 노인(정보 주체)

의 관계에 더불어 실제로 비용을 지불하는 자녀(비용지불 소비자)가 더해져서, 데이터 보호냐 활용이냐를 두고 산업계와 시민사회가 부딪히는 것보다 더 복잡한 맥락을 만들기 때문이다.

부모님을 어떤 요양병원에 모셨는가는 건강정보 이상이거든요. 이 정보를 외부에 제공 또는 판매하면, 적법한 처리 과정 등을 거쳤더라도 '내가 부모를 요양병원에 모시는 불효를 한 사실을 남에게 알린 것이냐'는 반발에도 부딪힐 수 있기 때문입니다. 4차 산업 혁명 시대에 맞게 데이터 활용·보호에 대한 인식과 합의를 새롭게 만들어 갈 필요가 있는데, 노인의 건강정보에 대해서는 생각할 지점이 더 많습니다. 일단은 사업을 운영해 보면서 데이터 판매 사업 등은 안 하는 쪽이 합리적이라고 판단했습니다.

노인 돌봄에 대한 정부의 규제 완화에 대해서도 생각을 밝혔다. 돌봄은 공공성이 중요하기 때문에 시장에 전적으로 맡겨 둘 수 없지만, 그렇다고 정부가 세금을 써서 모든 역할을 맡는 쪽도 현실적이지는 않다. 그동안 한국은 고령사회를 제대로 준비하지 못했고, 돌봄을 맡아 왔던 민간 영역도 질 좋은 서비스를 제공하긴 어려웠다. 정부는 치매 환자의 의료비를 지원하고 돌봄 인프라를 확대하고 있지만 눈에 띄는 변화는 보이지 않는다. 결국 문제는 돈이다.

이에 대해 박 대표는 "정부가 노인 돌봄의 재원을 마련하고 운용하

는 것보다 노인이 증가하는 속도가 더 가파르기 때문에 정부의 움직임이
고령화를 따라잡기 힘든 상황이다. 그동안 정부가 미래를 준비할 여유가
없었기 때문"이라며 "정부 예산으로 채울 수 없는 돌봄의 영역을 민간이
맡을 수 있도록 규제 풀고, 정부는 관리 감독을 철저히 하는 것이 현실적
으로 합리적인 선택일 것"이라고 주장한다.

지방 출신이라는 한계는
나만의 강점으로 넘어선다

박 대표는 경남 진주 출신으로 부산대학교 경영학과를 졸업했다. 케어닥
도 처음엔 부산에서 시작한 스타트업이었다. 가능한 한 부산에서 사업을
키워 보고 싶었지만 결국 서울로 올라올 수밖에 없었다고 했다.

> 지방 스타트업의 한계를 느꼈달까요. 일단 '스타트업 붐'이
> 형성된 서울과 달리 부산은 아직도 창업하려는 이들이 많지
> 않아요. 경영학과 출신인데도 동기 중에서 저만 창업을 했으
> 니까요. 창업을 하고 나서도 제가 하고 있는 게 '스타트업'이
> 라고 불리는 줄도 나중에 알았을 정도입니다. 법인 설립 6개
> 월 만에 부산에서 서울로 사무실을 옮겼는데, 그 이유는 투
> 자자, 기관, 고객 등 업무 미팅을 위해 한 달에 20번씩 서울
> 에 와야 했기 때문입니다. 인력 채용도, 시장 규모도 서울이

훨씬 유리했고요.

'화려한 스펙'이 아니었던 점도 고민이었다.

한 투자사 대표가 제게 카이스트 출신이 아니라는 점을 직접 지적하기도 했어요. 공동 창업자들도 모두 명문대 출신이 아니다 보니, 나중에 채용으로 메워야 할 것이라는 말도 들었죠. 명문대만 안 나왔을 뿐이지 실력은 자신 있었는데! 약간의 좌절감이 들기도 했지만 이해가 안 되는 건 아니었습니다. 투자금을 주는 쪽에서는 과연 나중에 투자금을 돌려받을 수 있을지를 중요하게 볼 텐데, 학벌이 바로 그 '믿는 구석' 중 하나가 될 수 있으니까요. 제 해법은 강점을 찾고 약점을 보완하는 것이었습니다. 학벌, 경력, 전문성, 배경, 네트워크 등 요소를 방사형 그래프로 그려서 노인에 대해 잘 알고 쉽게 포기하지 않을 의지가 있다는 점이 강점이라고 스스로 진단했고, 부족한 부분은 채우고자 했어요. 카이스트 사회적기업가 MBA 과정을 듣는 것도 그런 노력이죠.

그는 케어닥의 궁극적인 목표는 "노인을 건강하게 만들며 돈을 버는 것"이라고 설명했다.

간병, 요양을 알아봐야 하는 때면 그땐 이미 '매달 수백만 원이 깨지지만 건강은 회복하기 어려운' 경우가 많습니다. 매우 슬픈 얘기지만 간병·요양 업체들은 노인이 오랫동안 많이 아파야 돈을 벌고요. 이 현실을 슬프게 받아들이고 개선해 보고자 합니다. 회복 가능한 만성 질환이 있는 노인이 미리 건강 검진이나 관리를 받을 수 있도록 하면 건강한 기간이 길어질 것 같아요. 노인이 안 아파야 보험사도 돈을 벌고, 정부도 세금을 아끼고, 미래 세대에도 부담을 줄일 수 있죠. 무엇보다 노인과 그 가족들이 웃을 수 있었으면 좋겠습니다. 케어닥을 키우며 그 해법을 찾아보고자 합니다.

3장

실패는 성공의 어머니라는 말은 여전히 유효하다

돈이 되는 농업을 고민하는
식탁이있는삶

─ 김재훈

김재훈 대표는 당도가 높은 초당옥수수를 우리나라에서 처음으로 대중화했다.
생소하던 이 옥수수는 이제는 '1초에 한 개씩 팔리는 옥수수'라는 수식어가 붙을
정도로 많은 사람들에게 널리 사랑받고 있다.

쓰디쓴 실패를 밑거름으로
대박 난 초당옥수수

　　창업을 꿈꾸는 이들에게 하고 싶은 말이 있냐고 묻자 김재훈
(1984년생) **식탁이있는삶** 대표는 "절대로 하지 마라"고 단칼에 잘랐다. 스
무 살 때부터 끊임없이 도전과 실패를 반복했고, 실패를 겪고도 계속 오
뚝이처럼 일어서서 지금의 **초당옥수수** 대박을 낸 그이기에 격려의 말이
나올 줄 알았지만 의외였다. 김 대표는 "실패해도 괜찮다, 젊어서 고생은
사서도 한다고 말하는 사람을 보면 '제대로 망해본 적이 없구나'라고 생
각한다"며 "실패해도 괜찮다는 건 그만큼 낭만적이고 무책임한 말이니,
정책 입안자들의 달콤한 말에 속지 말라"고 목소리를 높였다.

　　김 대표는 지난 2013년 초당옥수수를 우리나라에 처음 들여
왔다. 초당옥수수는 달콤한 맛과 아삭아삭한 독특한 식감 때문에 여름
마다 큰 인기를 얻고 있다. 방송에서도 자주 소개되는 계절 별미로 자리

잡았다. 하지만 초당옥수수 '대박'은 그냥 얻어진 것이 아니었다. 서울 마포구 합정동 사무실에서 만난 김 대표는 인터뷰 3시간 내내 "아무리 작은 일이라도 정말 절벽에 내몰린 심정으로 절박하게 죽을힘을 다해서 목숨 걸고 했다"는 말을 반복했다. 초당옥수수의 성공은 20대에 농수산물 유통으로 큰돈을 벌고, 2010년 소말리아 해적에게 킹크랩 어선 금미호가 납치된 이후에 세상을 등질 생각까지 했다가 절박한 심정으로 다시 일어선 결과물이었다.

농업 현실을 바꿀 '애그리비즈니스' 초당옥수수로 시도해 봤습니다

김 대표가 농산물을 활용해 사업을 하게 된 배경을 이야기하자면, 고향인 경북 의성에서 평생 마늘 농사를 지으셨던 아버지를 빼놓을 수 없다.

아버지는 매일 아침 새벽이슬을 맞으며 일하러 나가셨어요. 그렇게 열심히 일하는데도 왜 경제적 상황이 나아지지 않는지 늘 궁금했습니다. 우리 부모님은 저렇게 열심히 일하시는데 보통의 중산층 가정처럼 해외로 가족여행 한 번 가는 게 왜 그렇게 어려울까? 농업과 농촌 그리고 농민에 대한 이런 고민이 성장 과정에서 구체화되었던 것 같아요.

농촌 산지에 가서도, 유통업체를 만나서도, 일을 할 때마다 '현실의 무거움'을 느끼곤 합니다. 농민들이 아무리 농작물을 잘 키워도 공판장에 가면 대충 키운 다른 작물들과 비슷한 취급을 받기 십상입니다. 백화점 납품은 꿈도 못 꾸죠. 규모가 커지고 있는 e커머스 업체들은 자기들끼리 치킨게임을 하면서 싼 것만 외치니 중간에 있는 유통업체들도 당연히 싼 것만 찾죠.

이런 현실 속에서 농가는 악순환을 겪습니다. 신품종을 들여와서 키워도 판로가 없고, 농협 같은 수매기관들은 농민이 아닌 조직을 위해 일하고…. 한편으로는 농민들도 변해야 하는 부분이 있죠. 보조금과 수매에 기대면서 노력하지 않거든요. 이런 농업 현실이 저에게는 무겁게 다가옵니다.

악순환에 빠져 있는 농업과 농민, 농촌의 현실을 바꿀 수 있는 방법은 무엇일까? 그가 생각하는 답은 규모화된 기업형 농업인 애그리 비즈니스(agribusiness)[*]를 해야 한다는 것이었다. 구체적으로는 초당옥수수와 같은 신품종 특화작물을 키우고 판매하며 '돈이 되는 농사'를 짓는 것이다. 농민들에게는 돈이 되고, 소비자에게는 새롭고 질 좋은 상품을 먹을 수 있어서 서로 '원윈'이기 때문이다. 이런 점에서 e커머스의 트렌드인 빠른 배송은 의미가 없다고 김 대표는 힘주어 말했다.

---

[*]   농업을 가축이나 농작물의 생산에 한정하지 않고, 가공/유통/수출입/농자재 산업 등으로 확장한 농업 관련 산업

로켓배송, 샛별배송보다는 '달구지배송'을 할 겁니다. 대부분의 식품 e커머스 기업들이 공장에서 찍어 낸 물건을 파는데 우린 직접 농사를 짓고 땅에서 가치를 뽑아내죠. 주문했을 때 상태가 나쁘면 배송도 안 합니다. 조금 늦더라도 가장 맛있는 음식을 보내 주고 싶습니다.

이런 가치를 추구하는 식탁이있는삶은 2020년 연말 기준, 누적 100억 원의 투자금을 유치했다.

돈 되는 농사, 그 해법은
로켓배송 말고 달구지배송

김 대표가 처음부터 농업에 전념할 생각은 아니었다. 학창 시절, 고향인 의성에서는 의성중학교 전교 1등을 할 정도로 공부를 곧잘 했고, 고등학교는 경북 지역 명문으로 꼽히는 안동고등학교에 진학했다. 외교관이 되거나 고시 공부를 해야겠다는 생각으로 2003년 동국대학교 행정학과에 입학했다. 서울에서 가장 오래된 빵집 '태극당' 뒷골목의 동대고시원에서 대학 생활을 시작하면서 서울에 대한 환상과 두려움을 동시에 느꼈다.

밥을 굶을 정도로 형편이 어렵진 않았지만 그래도 부모님께 부담을 주기 싫다는 생각이 들어 고시원에 방을 얻었어요.

서울에 와서 '컬쳐쇼크'를 여러 번 느꼈습니다. 친구들은 차를 몰고 다니고, 영어도 잘하고, 유학도 갔다 오고, 영재교육도 받았더라고요. 의성에 계신 부모님은 해외여행 한 번 못 가 보셨는데.

동기들과 어울리면서도 마음 한편에선 절박함이 싹텄다. 자격지심도 함께 느꼈다.

나도 잘 먹고 잘살아야 하는데, 저들과의 경쟁에서는 무엇을 해야 이기고 돈을 벌 수 있을까? 이런 고민을 하면서 취업보다는 사업을 하는 게 어떨까 생각했죠.

그는 2003년을 "정부가 청년창업 대출을 많이 해 주며 창업 붐이 일기 시작했던 때"라고 기억했다.

농업을 창업 아이템으로 잡으면 서울에 있는 동기들보다 제가 경쟁력이 있을 것 같았어요. 저는 초등학생 때부터 부모님을 따라 마늘, 고추, 콩, 과일까지 모두 직접 키워 봤는데, 서울 애들은 콩이 어디서 열리는지는 알까 싶었죠. 또 농업이 저평가받는 현실도 바꾸고 싶었죠. 어릴 때 부모님 직업이 무엇이냐는 질문을 받으면 농사를 지으신다고 당당하게 대답했지만 위축되기도 했어요. 매일 밥을 먹고 살면서도

'하던 일 망하면 농사나 짓지'라고 농업을 천시하는 사람을 보면서 상처도 받았죠. 어린 시절부터 평생 보고 듣고 체험하며 자란, 평가절하된 농업을 발전시키고 싶었습니다.

"두유노 블랙갈릭?" 흑마늘을 20만 달러 수출한 20살 새내기

20살에 시도했던 첫 사업은 고향 특산물인 의성 흑마늘 가공식품을 파는 것이었다. 고향 친구의 아버지가 의성에서 흑마늘 공장을 막 시작할 때였다. 무작정 찾아가서 서울에서 흑마늘을 팔아 돈을 벌고 싶으니 전단지와 샘플을 달라고 부탁했다. 친구 아버지는 "어차피 못 팔 것이니 네가 많이 먹어라" 하시면서 흑마늘 액기스와 건조통흑마늘 제품을 조건 없이 그냥 내주셨다. 샘플을 받아 들고 서울로 올라와서 판매를 시도했지만 실패했다. 친구 아버지의 말대로. 샘플로 받아 온 흑마늘 식품은 김 대표가 다 먹었다.

유통회사에 다니는 선배에게도 연락하고 직접 영업도 해 봤지만 다단계 판매상 취급을 받거나 문전 박대를 당하고 쫓겨나기 일쑤였습니다. 조직도 인프라도 없는 상태에서 상품을 유통하는 게 참 힘들다는 걸 깨달았죠.

하지만 국내에선 실패했어도 해외에서 시도해 보면 다를 것 같았다.

의성 흑마늘은 국가 브랜드 제품으로 볼 수 있으니 해외에서는 좀 더 승산이 있을 것 같았어요. 그러다가 싱가포르 컨벤션에서 '뷰티 아시아'라는 미용 식품 박람회가 열린다는 소식을 알게 되었습니다. 부스 차릴 돈은 없으니 관람객으로 가서 영업을 해야겠다고 생각했습니다.

비행기 표값을 벌기 위해서 김 대표는 양화대교 보수공사장에서 야간에 막노동을 했다. 하루 일당 18만 원을 차곡차곡 모아 2,000달러(당시 약 220만 원)를 만들었다. 그 돈으로 비행기표를 사고 어설프지만 직접 만든 포스터를 인쇄하고, 친구 아버지한테 다시 한 번 받은 샘플 상품을 들고 비행기를 탔다.

싱가포르 행사장에서 "두유노 블랙갈릭?"을 외치며 열심히 명함을 돌렸지만 바이어들은 감감 무소식이었다. 2,000달러를 허공에 날렸다고 생각하며 한국으로 돌아가기 위해 짐을 챙기고 있던 그때, 김 대표가 묵고 있던 게스트하우스로 한국무역협회에서 전화가 걸려 왔다. 싱가포르의 한 화교가 흑마늘에 관심이 있다면서 만나 보고 싶다는 것이었다. 싱가포르와 홍콩에서 건강식품 매장을 운영하는 바이어는 숙성 식품인 흑마늘을 기후가 온난다습한 동남아에서도 유통할 수 있을 것 같다며 20만 달러어치를 사겠다고 했다. 구체적인 수출 방법 등은 한국무역협회의 도움을 받아 비행기 표값으로 쓴 2,000달러의 100배를 벌고 한국으로 돌아왔다. 그러면서 자연스레 진로도 외교관이나 고시패스가 아닌 농산물을 활용한 사업으로 굳어졌다.

흑마늘 해외 판매에 성공한 뒤, 김 대표는 학교에서 "20만 달러를 수출한 학생"으로 소문이 났다. 당시 동국대 총장은 김 대표에게 장학금을 지급했고, 지식경제부 산하 글로벌무역전문가 양성사업단에서 인턴으로 근무할 수 있는 기회도 줬다. 대학교 2학년부터 졸업할 때까지 김 대표는 이 활동에 가장 열중했다고 말했다.

각종 유통 데이터를 보고 상품 수출을 지원하는 일을 했어요. 저는 이 일이 단순한 대학생 인턴이라고 생각하지 않았어요. 일생일대의 기회라고 생각해 목숨 걸고 했습니다. 농산물을 브랜딩하고 유통, 수출하는 모든 과정을 직접 경험해보면서 경험과 노하우를 쌓을 수 있고, 시장 데이터도 접할 수 있었거든요. 우리나라도 e커머스가 시작될 시기였는데, 여기서 잘 배우면 무엇이든 할 수 있을 것 같았어요. 같은 기수 동기 30명 중 제가 가장 열심히 했어요. 야근도 불사할 정도로요. 농민이나 기업들의 수출 컨설팅 미팅을 적극적으로 주도해 식초 수출 계약을 성사시키기도 했습니다. 최선을 다해 일하니 성과가 좋을 수밖에 없었고, 성과를 내니 덩달아 자신감이 붙었습니다.

롤러코스터 탔던 첫 사업,
킹크랩선 금미호는 해적에 납치되기까지

본격적인 첫 사업은 대학교 4학년이던 2008년, 친구들과 함께 동국대 충무로영상센터에 사무실을 내면서 시작했다. 신용보증기금에서 3,000만원 청년창업 대출을 받아서 농수산물 유통회사 제이에이치(JH)인터내셔널을 열었다. 각종 농수산물의 판로를 개척하는 이 회사는 예상을 뛰어넘을 정도로 잘됐다. 해외거래도 성사될 만큼 잘되자 사업 범위를 넓혔다. 아버지가 물려주신 경북 의성의 1,200평 땅에 초당옥수수, 자색당근, 베이비 베지터블 등 신품종 종자를 들여와서 시험재배를 하기도 했다. 젊은 농업 사업가로서 남들이 안 하는 새로운 일을 시도해 보고 싶었다.

> 지금 돌아보면 부족한 점이 많은 천둥벌거숭이였지만, 그땐 손대는 일마다 잘되니 스스로를 마이다스의 손이라고 생각했어요. 저 자신이 무르익기도 전에 많은 돈을 벌어들이니 조직 관리, 돈의 씀씀이 등이 통제되지 않았죠. 하지만 그때는 일이 너무 잘되니 그런 생각을 할 수 없었습니다.

아프리카 케냐 해역에서 킹크랩을 수입하는 일에도 뛰어들었다. 소말리아와 가까운 이곳은 해적이 자주 출몰해 대형 어선을 가진 큰 식품기업들은 거래하지 않는 지역이었다. 낯선 지역에서 벌이는 잘 모르는 일이었지만 '하이 리스크 하이 리턴'을 기대하며 위험한 확장을 시도했다.

한국에 수입되는 러시아산 킹크랩은 1마리에 10달러 정도였는데 케냐에서 수입하면 마리당 0.5달러였습니다. 케냐 사람들은 갑각류를 먹지 않는 문화가 있어서 돈이 되겠다는 촉이 왔죠. 케냐에 가서 직접 보니 어족 자원이 풍부해 '떠내면 되겠다' 싶었고, 우리나라는 킹크랩 요리 전문점이 생기고 오븐 문화가 보급될 때여서 가져오기만 하면 대박이라고 생각했죠. 그동안 벌어 둔 돈에 대출금을 보태 '금미호'라는 배 한 척을 전세 냈습니다.

맛 좋은 대게를 금광을 캐듯 어획한다는 '금미호'의 뜻처럼. 한국에 도착한 값싼 김 대표의 골든딥시크랩은 바로 대박이 났다. 이윤을 붙여도 4~5달러 수준이어서 기존의 러시아산 킹크랩보다 가격 경쟁력이 뛰어났다.

킹크랩 사업도 대박이 터졌어요. 없어서 못 팔 정도였고 돈도 엄청 벌었죠. 서울에서 부산까지 27살을 모두 줄 세우면 내가 100등 안에 들겠다는 생각이 들 정도로 자신감이 올라왔어요.

서울 강남의 빌딩 한 층을 전부 사무실로 쓸 정도로 돈을 벌자 김 대표는 더 많은 킹크랩을 들여올 수 있도록 빚을 내어 배를 더 키웠다. 주변에서는 내 돈도 불려 달라며 찾아왔다.

마냥 '마이다스의 손'으로 살 것만 같았지만 2010년 10월, 잠을 자고 있던 새벽에 갑자기 전화가 빗발쳤다. 케냐 대사관의 전화를 받고 텔레비전을 켜 보니 금미호가 소말리아 해적에게 납치됐다는 속보가 나왔다. 청해부대가 아덴만 여명작전으로 삼호주얼리호 선원 21명을 구출했을 즈음 일어난 또 다른 피랍 사건이었다. 4개월 만인 이듬해 2월에 배는 풀려났지만 그 사이 김 대표는 빚쟁이 신세로 추락했다. 대출을 받아서 키운 배에 들어간 돈은 모조리 손실이 됐다. 대게를 납품하기로 하고 선도금을 받은 곳에 물어낼 돈이 쌓였다. 영업을 위해 만든 집기들도 다 무용지물이 됐다. 투자자라며 돈을 들고 왔던 사람들은 한순간에 채권자로 돌변했다. 김 대표의 가족에게까지 찾아가 돈을 내놓으라고 아우성쳤다.

다행히 사채를 쓰지는 않았고 신용불량자가 된 것도 아니었습니다. 하지만 회사가 파산 직전까지 가면서 직원들을 모두 내보내야 했고 카드를 포함해 모든 돈이 다 막혔죠. 부모님 가슴에 대못을 박았다는 괴로움에 극단적인 생각까지도 할 정도였습니다.

조건 없이 손을 내민 농민들 덕분에
빛을 본 '초당옥수수'

이민까지도 생각하면서 더는 사업을 하지 않으려고 생각하던 때, 김 대표의 손을 잡아 준 이들은 그의 도움을 받았던 농민들이었다. 큰 규모로 농사를 짓던 농민 5~6명이 김 대표의 연락처를 수소문해 "우리가 도와줄 테니 일어서라"고 했다.

처음에는 도움을 주셔도 이제는 기반이 없어서 아무것도 할 수 없다고 말했어요. 하지만 그분들은 열정이 아깝다고 하시면서 2~3억 원어치의 배추, 고구마 등 농산물 원물을 5~6개월 동안 선뜻 빌려주시겠다고 했어요. 그 마음이 너무 고마워 다시 일어설 수 있었습니다.

김 대표는 재기를 준비하면서 자신의 과거 모습을 스스로 돌아보며 반성했다.

경영자로서 부족한 부분, 법률과 회계관리 등 회사로서의 꼴을 제대로 갖추기 위한 운영 부분에서도 철저히 했어야 한다는 점을 뒤늦게 알았어요. 돈을 잘 번다고 남들에게 돈을 쉽게 빌려주기도 했었는데, 이런 겉멋이 든 모습도 버려야겠다고 생각했습니다. 마음가짐도 달리 했어요. 그동안 감으로 잘된 상품이 많았는데, 좀 더 정확한 전략과 분석이 있었다면 더 좋았겠다 싶은 것들도 보였죠. '좀 더 겸손했다면'이라는 반성을 많이 했습니다. 지금 식탁이있는삶이 추구하는 가치는 그때의 실패를 통해 얻었습니다. 수업료가 고통스러울 정도로 너무 컸지만 실패는 엄청난 자양분이 됐죠.

새로운 사업은 초당옥수수와 같은 신품종 특성화 작물에 집중하는 것이 답이라는 확신도 얻을 수 있었다. 금미호가 납치되기 전, 김 대표는 일본 식품박람회에서 보고 들여온 초당옥수수 종자를 아버지께 드리면서 시험재배를 부탁했다. 김 대표의 사업이 잠시 멈춰 있을 때에도 아버지는 시험재배를 이어 갔다.

해외에선 초당옥수수 재배면적이 점점 늘고 있었고, 새로운 식감과 맛을 소비자들도 분명 좋아할 것이라고 확신했습니다. 아버지가 초당옥수수 시험재배를 하시면서 작성한 작부일지를 보고 상품화를 준비했습니다.

하지만 초당옥수수도 한 번 실패를 한 뒤 이듬해에 잘됐다.

2013년에 처음으로 백화점에서 초당옥수수를 선보였는데 반응이 좋지 않았습니다. 소비자들이 '초당순두부'와 '초당옥수수'를 구분하지 못했어요. 다른 전략을 고민했는데 마침 그 당시가 IT를 기반으로 한 e커머스가 막 시작할 때였습니다. 이걸 활용해야겠다 싶어서 다음 해에는 파워블로거들에게 먹어 보고 후기를 게시해 달라는 블로그 마케팅을 했습니다. 2014년 6월부터 반응이 나타났고, 지금까지 왔습니다.

농민들과 함께 오래가는 사업
치열하게 하려고요

식탁이있는삶은 초당옥수수 등 자체 플랫폼 **퍼밀**에서 판매하는 농산물 일부를 계약재배 방식으로 수급하고 있다.

독점적으로 공급받는 계약재배도 있지만, 식탁이있는삶의 형태는 다릅니다. 농가에 종자와 농자금 일부를 지원하고 농가가 작물을 수확하면 회사가 전량 매입합니다. 법적으로 보면 식탁이있는삶이 농사짓는 것을 농가가 대행하는 구조입니다. 농가는 생산에 전념하고 식탁이있는삶은 판로에 전념하는 방식을 만들었죠. 2019년 말에는 경북 영양군 25개 농가와 식탁이있는삶이 함께 출자해서 영콘농업회사라는 법인도 세웠습니다. 식품회사들의 산지투자는 대부분 마케팅 투자인데 그보다 더 오래가는 관계를 만들고자 합니다.

김 대표는 창업을 꿈꾸는 사람들이 더 철저히 준비했으면 좋겠다는 조언도 했다.

절대 창업하지 말라는 말은 그만큼 절박한 마음으로 제대로 준비해야만 잘될 수 있다는 뜻입니다. '스타트업 붐'이라고 하는데 아이디어만 있다고 성공할 수 있는 게 아닙니다. 제대로 전략을 갖고 덤벼도 될까 말까 한 일이죠. 저는 20대 초반에 어설프게 하던 사업이 소 뒷걸음질하다 쥐를 잡듯이 우연히 잘되었습니다. 그래서 사업이 쉬운 줄 알고 덤볐다가 극단적인 생각까지도 했던 것이지요. 사업은 감나무 아래에서 입 벌리고 있는다고 저절로 감이 떨어지는 게 아니니, 창업을 하려는 분들은 그만큼 절박한 마음으로 임했으면 좋겠습니다.

오디오계의 유튜브
스푼라디오

― 최혁재

최혁재 대표는 LG전자라는 안정된 대기업 직장을 퇴사하고 스타트업에 뛰어들었다. 첫 창업에서 뼈아픈 실패를 경험하고 보란듯이 재기하겠다는 의지를 다지며 만든 오디오 서비스로 글로벌 시장에 도전하고 있다.

도전은 언제나
남는 장사입니다

안테나를 뽑고 주파수를 맞춰서 듣는 라디오는 이제는 찾아보기 힘들다. 하지만 '스마트폰과 만난 라디오'는 MZ세대가 즐기는 콘텐츠로 다시 태어났다. 어른들에게 라디오는 올드미디어이지만, 라디오와 텔레비전을 건너뛰고 스마트폰을 가장 익숙하게 느끼는 MZ세대에게는 새로운 미디어로 다가왔다. 이런 흐름의 중심에 있는 서비스가 **스푼라디오**다. 부모님 세대가 아날로그 라디오를 들으면서 받았던 위로와 공감을, MZ세대는 스마트폰 오디오 콘텐츠를 통해서 받고 있다.

하지만 '따뜻한 서비스' **스푼**은 최혁재(1979년생) 스푼라디오 대표가 '악으로 깡으로' 만든 사업이다. 첫 사업에 실패하고 빚더미에 앉아 크게 좌절했던 최 대표가 실패를 거름 삼아 스푼을 만들고 키워 가는 이야기를 직접 만나 들어 봤다.

벤처부터 중소기업, 대기업까지 다 거치고
도전했지만 실패로 돌아간 첫 사업

최 대표는 창업 전 여러 회사를 거쳤다. 선문대학교 정보통신학과를 졸업하고 2005년 한 벤처회사에서 2세대 이동통신 휴대폰에 들어가는 소프트웨어 개발자로 사회생활을 시작해, PMP*를 만들던 중소기업 아이스테이션과 대기업인 LG전자까지 다녔다.

1999년 게임 회사에서 병역특례 전문연구요원으로 일하면서 개발자 일을 처음 접했어요. 이상한 기호가 가득한 화면으로 움직이는 캐릭터를 만드는 모습이 정말 멋졌어요. 그 뒤로 하드웨어와 소프트웨어 회사를 번갈아 가며 이직도 여러 차례 했습니다. 하드웨어 기업 아이스테이션으로 첫 이직을 했던 이유는 그 당시엔 PMP가 혁신적인 IT 기기로 꼽혀서였어요. 제2의 MP3가 될 것 같아서 미래를 선택한 것이었죠. 그러다 대기업은 꼭 한번 다녀 보고 싶어서 LG전자로 옮겼어요. 이름만 대면 알만한 회사에 다니면서 높은 급여와 복지를 경험해 보고 싶었습니다.

---

* 2000년대 초반부터 판매됐던 휴대용 동영상 플레이어. 2010년 국내에 스마트폰이 상용화되기 전까지 10여 년 동안 전국의 중고등학생들이 인터넷 강의 수강용 기기로 활발이 사용했다.

안정적인 대기업을 퇴사하고 창업을 결심한 이유는 돈을 많이 벌고 싶어서였다.

벤처기업, 중소기업, 대기업을 다 경험해 봤으니 그다음엔 뭘 할까 고민했어요. 그러다 회사만 다녀서는 집 한 채 장만하기 어렵다는 계산이 나왔죠. 몸이 편찮은 어머니의 병원비가 감당이 안 되어서 주변의 도움을 받은 적도 있었는데, 그때 가족을 잘 지키려면 무엇보다 경제적 뒷받침이 중요하다는 사실을 절감했죠. 한 IT 대기업의 초기 멤버로 일했던 이모부가 회사의 성공과 함께 집안을 일으키는 모습을 본 것도 자극이 됐습니다.

LG전자를 퇴사하고 최 대표가 도전했던 첫 사업은 2013년 출시한 스마트폰 배터리 대여 서비스 **만땅**이었다. 당시 안드로이드 스마트폰은 배터리를 교체해서 쓰는 방식이었다. 스마트폰 배터리가 떨어졌을 때 충전된 배터리를 빌릴 수 있는 곳을 확보하고 배달도 해 주는 서비스를 만들었다. 사업 초기, 서울 강남과 홍대를 비롯한 젊은이들이 많이 모이는 지역에서 입소문이 나면서 인기를 끌었다.

정말 쉴 시간이 없이 일했어요. 낮에는 사업 확장을 위해 업무 미팅을 하고, 밤엔 배터리 배달 일을 했습니다. 밤늦게까지 클럽에서 놀다 배터리가 부족해진 사람들이 만땅을 많이 이용했거든요. 열심히 일했고, 주변에서 가능성을 알아봐 주는 사람들이 조금씩 생겨났죠.

실패 후 가장 힘들었던 것은 손가락질

유료 사용자 10만 명을 확보하며 성장하던 만땅은 2015년 삼성의 신형 갤럭시 스마트폰이 '배터리 일체형'으로 출시되면서 사업 모델이 부서졌다. 아이폰처럼 갤럭시도 배터리를 교체할 수 없는 형태로 출시되면서 배터리 교체 서비스가 필요 없어진 것이다.

편의점 등 배터리를 빌릴 수 있는 거점을 1,000개까지 늘렸고 수억 원어치의 배터리를 확보했는데 모두 무용지물이 됐죠. 사업을 확장하면서 회사가 진 빚을 떠안으며 2~3개월 만에 빚더미에 앉았습니다.

일체형 스마트폰이 대세가 된 뒤, 스마트폰 사용자들을 배터리가 없는 경우를 대비해 보조배터리를 산다. 당시 만땅은 보조배터리 공유 서비스도 준비하고 있었지만, 새 사업이 안착할 때까지 버틸 시간과 자금의 여유가 없었다. 이후 보조배터리 대여 서비스는 수많은 스타트업이 뛰어드는 영역이 되었다.

창업가 수업

남들보다 먼저 '될 것 같은' 서비스를 생각했던 것이지만, 시대를 앞서간 생각은 결코 자랑이 아니더라고요. 시장이 원할 때 서비스를 제공하는 것도 중요한 능력이라는 걸 배웠습니다.

만땅을 접고 최 대표는 죽고 싶을 만큼 힘든 시간을 보냈다고 했다.

첫 사업이 생각보다 빠르고, 아프게 실패하고 난 뒤에 정말 힘들었어요. 마이너스 통장, 카드 돌려막기, 빚 독촉이 이어졌죠. 그런데 경제적 어려움보다 더 괴로웠던 것은 정신적 고통이었습니다. '대기업 그만두더니 그럴 줄 알았다'는 주변 사람들의 손가락질이 정말 괴로웠어요. 회사는 전쟁터고 회사 밖은 지옥이라고 하잖아요. 지옥에서 하루하루를 살아가고 있는 사람에게 아무렇지 않게 던지는 말이 가장 힘들었죠. 물론 1년에 한두 번 만나는 사람들이 제가 평소에 얼마나 치열하게 살았는지 다 알지는 못할 테니 이해가 안 되는 건 아니었습니다. 그렇지만 날 선 말들에 한이 맺혀서 '두고 봐라 반드시 재기한다' 다짐하고 또 다짐했습니다.

최 대표와 9명의 직원들은 딱 1년 동안 '다시 일어서기 위한 노력'을 하기로 했다. 20대 초반부터 30대 후반까지의 연령대로 구성됐던 최 대표와 팀원들은 다들 번듯한 직장을 다니다가 뭔가 이뤄 보고 싶은 마음에 초기 스타트업에 모였던 터라 실패로 끝내고 싶지 않다는 공통점이 있었다. 2015년 9월부터 새 사업을 준비하기 위해 일주일에 100시간 가까이 일하는 몰입의 시간이 반년 넘게 이어졌다. 최 대표는 사무실에서 숙식을 해결하면서 그야말로 폐인처럼 일했다.

MZ세대의 라디오 '스푼'
오디오계의 유튜브를 꿈꿉니다

그렇게 여러 아이템을 시도하고 접기를 반복하던 중에, 한 직원이 제시했던 아이디어에서 지금의 스푼라디오가 시작됐다.

> 저와 팀원들은 정말 힘들고 괴로웠는데, 인스타그램 게시물 속의 사람들은 다들 행복해 보였죠. 그런데 사람들의 진짜 일상은 그런 화려한 모습보다는 일과 학업에 찌들어 있는 게 보통이잖아요. 평범한 사람들이 고민거리를 털어놓을 공간을 만들어 보고자 했습니다. 글이나 사진, 영상 플랫폼은 이미 있으니, 목소리를 활용하는 일종의 오디오 '대나무숲'을 만들어 보려고 했죠.

> 정식 출시 6개월 전, 말하듯 녹음한 짧은 음성파일을 공유하는 시범 서비스를 내놓자 18~24세 이용자가 가장 많이 모였다. 오디오 콘텐츠에

익숙하지 않은 MZ세대가 의외로 반응을 보였다.

목소리를 활용한 콘텐츠를 이용하고 싶은데 그럴 만한 공간
이 없다고 했어요. 라디오를 들어 본 적이 없는 이용자들인
데, 오디오로 소통하는 게 좋다고 하더군요. 이들에게는 스
푼이 첫 번째 라디오 같았어요. 이런 피드백을 듣고 스푼을
라디오로 발전시켜 보자고 방향을 다듬었습니다.

스푼은 라디오와 팟캐스트의 특징이 섞여 있는 오디오 서비스이다.
모바일 오디오 콘텐츠라는 점에서는 팟캐스트와 비슷하지만, 이미 녹
음된 파일이 아닌 실시간 생방송 위주라는 점이 다르다. 정치나 시사가
아닌 공감, 위로 콘텐츠가 주를 이루는 부분은 라디오를 닮았다. 지난
5년, 스푼 앱을 다운받은 전 세계 이용자는 3,000만 명이 넘는다. 그중
70~80%가 1020 세대다. 이들을 타깃으로 '오디오계의 유튜브'가 되는
것이 스푼의 지향점이다. 이에 콘텐츠 강화 차원에서 유명 유튜버처럼 스
푼에서 인기를 얻는 크리에이터인 '초이스 디제이'를 발굴하고, 배우 김
보라, 방송인 황광희와 함께 오리지널 콘텐츠도 제작했다.
　서비스 시작 1년 만인 2017년 인도네시아와 베트남 시작으로 해외
시장에 빨리 진출한 점도 눈에 띈다. 오디오 콘텐츠 시장의 규모가 작은
우리나라의 한계를 넘어서 보려는 시도다.

지상파 3사의 FM 라디오 광고 시장 규모가 2,000억 원이 안

됩니다. 이는 스푼이 지상파 라디오만큼 성장하더라도 매출 한계가 500억이라는 말이고, 시장을 독점해도 2,000억 원이 끝인 것이죠. 성장의 한계를 극복하고자 해외 시장에도 일찍 눈을 돌렸습니다.

2021년 5월 기준으로 스푼은 한국어, 일본어, 영어, 아랍어 등 4개 언어로 서비스를 하고 있고, 세계 각국에서 서비스 테스트를 하고 있다. 직원 150여 명 중 3분의 1이 외국인이다. 2021년 초 미국에서 시작한 실시간 오디오 플랫폼 '클럽하우스'가 큰 인기를 끌었던 것에 발맞춰 여러 사람이 동시에 이야기하는 다자간 콜 서비스 출시도 준비 중이다.

새로운 일에 도전하면 실패도 당연한 일
기죽지 말고 마음껏 재도전하세요

최 대표가 창업을 한 뒤로 가장 힘들었던 것은 첫 사업에서 실패하고 나서 받았던 사람들의 무시와 손가락질이었다. 새로운 일에 도전하면 당연히 실패할 수 있지만, 재도전을 돕기보다는 '낙오자'라는 낙인을 먼저 찍으려는 분위기가 힘들었다. 그래서 창업을 포함해 새로운 일을 하다 실패를 경험한 이들에게는 '기죽지 않고 다시 일어서는 게 중요하다'는 조언을 한다.

창업가 수업

위로 받고 싶어서 만난 친한 사람들도 '대기업 그만두고 잘난 척하더니 그럴 줄 알았다'고 말했거든요. 이런 가시 돋친 말들이 재도전과 성장의 동력이었던 것 같아요. 물론 재기를 준비하는 과정에서도 '비디오가 대세인데, 또 망하려고 오디오를 하냐'는 말도 들었습니다. 하지만 실패를 장담하는 사람들에게 보란 듯이 결과물을 보여 주고자 이를 갈고 버텼습니다. 실패는 그 자체로 교훈을 얻을 수 있고, 나중에 같은 실패를 안 할 수 있는 밑거름이 됩니다. 길게 보면 실패를 해 본 사람들은 더 잘할 수 있는 역량이 생긴 것이죠. 그러니 실패했을 때 손가락질을 받더라도 의기소침하지 않았으면 좋겠습니다. 실패를 경험해 보고 성장해 본 사람들이라면 절대로 하지 않을 말들이거든요. 실패와 실패에 따라오는 비난에 개의치 말아야 합니다.

그렇게 다시 일어선 결과물인 스푼은 주요 고객인 MZ세대에게 인지도를 쌓으며 자리를 잡고 있다. 하지만 아직도 매일 전쟁 치르듯이 일하고 있다.

규모만 커졌지 여전히 안정적이지 않거든요. 아직 영업 적자를 보고 있고요. 매일 끊임없이 의사결정을 하는 것이 대표의 일인데, 제가 결정을 잘못하면 사용자건 임직원이건 누군가는 피해를 봅니다. 서비스가 커질수록 더 큰 부담을 안고 매일 의사결정을 해야 하는 일이 쉽지는 않죠. 책임의 범위와 크기가 더 많아지고 더 무거워져서 정신적 스트레스가 훨씬 커졌습니다. 또 플랫폼은 승자가 독식하는 시장이다 보니 점점 치열해지는 오디오 시장에서 살아남으려면 긴장을 늦출 수도 없습니다. 그 과정에서 또 실패를 경험할 수도 있고요. 하지만 끊임없이 다시 도전하면서 치열하게 스푼을 키워보려고 합니다.

아날로그 동대문 시장에
디지털 바람을 불러일으킨

딜리셔스

── 김준호

딜리셔스가 운영하는 신상마켓은 동대문 패션 도매시장을 전국의 소매 사업자는 물론 해외 바이어까지 연결해 주는 커머스 플랫폼 서비스다. 동대문 의류 사업에 새로운 패러다임을 제시하고 있다.

동대문 최초의 패션 B2B 플랫폼의 탄생과 그 험난한 여정

동대문 보세 의류를 사고파는 앱 **신상마켓**은 아무나 이용할 수 없다. 소매 쇼핑몰과 소비자를 이어 주는 대부분의 패션 앱과 달리, 동대문 의류 도매시장의 도매상과 이들에게서 옷을 떼다가 파는 소매 사업자를 이어 주는 앱이기 때문이다. 그래서 사업자 등록번호가 있는 상인들만 이용할 수 있다. 동대문 의류 도매시장은 오랫동안 '사입삼촌*'의 물류 대행', '현금 거래', '수기 장부 작성'과 같은 아날로그 방식으로 거래를 해 왔지만, 신상마켓을 비롯한 IT 플랫폼이 속속 등장하면서 동대문에도 '디지털 전환' 바람이 불고 있다.

기업 간 거래(B2B) 서비스이기 때문에 일반인들에게는 생소하지만,

---

* 동대문 시장에서 의류를 사고파는 도소매 사업자 사이에서 거래를 대신해 주는 동대문 시장 고유의 중간상인

신상마켓은 2013년 7월 출시된 이래로 9년째 순항하고 있다. 처음 서비스를 내놨을 땐 상인들에게서 "굳이 앱이 필요한가?"라는 회의적인 얘길 들었지만, 2021년 4월 기준으로 동대문 도매상 2만여 곳 중 1만 3천 곳, 전국의 소매 사업자 11만 곳이 이용한다. 2017년 10명이 채 안 됐던 직원 수도 4년 만에 170명으로 불어났다. 네이버의 글로벌 e커머스 사업 파트너로 꼽히며 이름을 알렸다. 최초의 동대문 패션 B2B 플랫폼으로 시작해 1등 사업자로 자리매김하고 있다.

　　하지만 주목받는 패션 앱 신상마켓의 성과는 하루아침에 이루어지지 않았다. 사업가가 '시장과 고객의 요구에 귀를 기울여야 한다'는 명제는 당연한 말처럼 들리지만, 김준호(1982년생) 대표와 **딜리셔스** 팀은 이 당연한 말을 실제 사업에 적용하기까지 8번의 실패를 겪었다. '패션 사업자들이 패션의 본질에 집중하게 하려면 무엇이 필요할까?'라는 질문에 대한 답을 9번의 시도 끝에 찾아낸 이야기를 서울 종로구 딜리셔스 사무실에서 김 대표와 만나 들어 봤다.

아날로그 동대문 의류 도매시장을 IT 기술로 바꿉니다

김준호 대표는 원래 사업을 할 생각은 없었다. 건국대 소프트웨어학과에서 공부한 내용을 바탕으로 개발자 커리어를 쌓을 계획이었다. 그러다 대학 4학년이었던 2007년, 같은 과에 다니고 있었던 지금의 아내가 운영하던 인터넷 쇼핑몰 일을 도와주다가 어쩌다 보니 사업의 길에 들어섰다. 쇼핑몰 사장인 아내가 새벽에 동대문 시장에 가서 물건을 떼어 오고 난 뒤에 상품 촬영, 택배 발송, 세금계산서 발행 등 모든 일을 혼자서 하기엔 버거울 것 같아 김 대표가 운영 업무를 맡으면서다.

아내는 좋은 옷을 찾고 이 물건을 콘텐츠로 만드는 일을 했어요. 옷을 잘 모르는 저는 쇼핑몰 홈페이지를 직접 만들고 관리했습니다. 패션과는 상관없지만 사업에 꼭 필요한 세무, 회계, 물류 등의 운영 업무를 한 거죠.

현재 신상마켓이 운영하는 다양한 서비스는 김 대표 부부가 이때 쇼핑몰을 운영하며 느꼈던 불편함, '동대문 시장의 아날로그'를 해소하는 것들이다. 소매업자가 동대문 시장에 직접 가지 않아도 도매업자가 플랫폼에 올린 물건을 보고 주문할 수 있게 했다. 또 현금이 직접 오가는 방식보다 안전하게 대금을 치를 수 있도록 '간편결제'를 도입했다. 도소매 사업자가 상품을 올릴 때 사용할 사진 자료를 대신 만들어 주는 서비스도 있다.

쇼핑몰 사업 초기에는 영업시간 동안 소매를 운영하고 매일 밤 동대문 시장을 돌아요. 시간이 흘러 거래를 트는 가게들이 생기면 동대문 시장 고유의 물류 대행 업자인 사입삼촌에게 주문과 발송을 맡기긴 합니다. 그런데 이 방식은 불안해요. 사업을 많이 할 땐 한 번에 수백만 원어치 옷을 사는데 사입삼촌의 통장으로 목돈을 입금하고 물건이 오기를 그저 기다려야 하거든요. 물론 사입을 하다 문제가 생긴 적은 없었어요. 하지만 모르는 사람에게 큰돈을 이체하는 방식이 편하지는 않죠. 사입삼촌들은 2명에서 10명까지 팀을 이뤄서 일하는데, 동대문 시장에는 몇 년에 한 번씩 어떤 사입팀이 갑자기 자취를 감췄다는 소문이 돌곤 해요. 그러면 이런 아날로그 거래를 계속해야 하는지 걱정스럽죠. 쇼핑몰을 운영하면서 겪었던 불편을 기술로 풀어 가고 있습니다.

좋은 옷에 더 집중하도록
신상마켓이 도와드립니다

아내의 일을 도와주던 김 대표는 2011년 1월, **딜리셔스**를 창업하고 자신의 사업을 시작했다. 아내의 쇼핑몰 사업을 도와주다 보니 취업 시기를 놓쳐서 취업이 아닌 다른 진로를 고민하게 됐고, 때마침 우리나라에 스마트폰이 보급되기 시작했다. 이때 국내에서 **쿠팡, 티몬, 위메프**와 같은 모바일 기반의 소셜 커머스 서비스가 하나둘 생기는 모습을 보면서 김 대표도 모바일 사업에 도전해 보고 싶었다. 하지만 김 대표가 딜리셔스를 창업한 뒤로 아내의 쇼핑몰은 점점 어려워졌다.

아내가 했던 좋은 옷을 고르는 일은 아무나 할 수 없는 일이지만, 제가 맡았던 물류와 세무, 회계 등 '뒷단의 일'은 누구나 할 수 있어요. 하지만 이 운영이 제대로 뒷받침되지 않으면 쇼핑몰이 굴러가지 않더라고요. 아내 혼자 모든 일을 하게 되자, 좋은 상품을 확보해 좋은 사진을 촬영해 올리는 데 집중할 물리적인 시간이 부족했어요. 쇼핑몰에 올리는 콘텐츠의 수가 줄어들고 질도 낮아지고, 상품 출고 등에서도 실수가 이어졌습니다.

부부의 쇼핑몰은 한때 50위권에 들 정도로 잘되었지만 운영이 부실해지면서 결국 2012년 5월 문을 닫았다.

신상마켓의 대표 상품 중 하나인 풀필먼트 서비스(Fulfillment Service) **딜리버드**는 이 경험을 토대로 탄생한 서비스다. 풀필먼트 서비스란 상품 보관, 포장, 출하, 배송 등 고객이 주문한 상품을 처리하는 모든 과정을 말한다. 신상마켓의 풀필먼트 서비스는 소매 사업자의 쇼핑몰에 주문이 들어오면 신상마켓 쪽이 도매상에서 직접 물건을 들여와서 검수, 포장, 배송 작업을 모두 대행하는 형태다. 도매 사업자의 상품을 소매 사업자에게 보여 주는 데서 한발 더 나아가, 소매 사업자의 모든 물류 과정을 대신해 주는 것이다. 김 대표는 "패션업의 본질은 사업자가 좋은 옷을 골라서 소비자에게 제시하는 것"이라며 "사업자가 옷에 집중할 수 있도록 나머지 과정을 신상마켓이 모두 도맡아 주는 것"이라고 설명했다. 신상마켓의 바탕이라고도 할 수 있는 패션의 본질에 대한 나름의 정의는 김 대표가 딜리셔스를 창업하고 아내의 쇼핑몰이 문을 닫는 과정을 거치면서 내릴 수 있었다.

김 대표가 뛰어들었던 소셜 커머스 사업도 6개월 만에 실패했다. 소셜 커머스는 지역 매장의 점주를 설득해서 상품 가격을 할인 받고, 마케팅을 통해 '손님 100명이 모이면 반값'이라는 식이 '딜'을 알려서 할인받은 상품을 소진해야 하는 일이다. 하지만 딜을 가져오는 것에서부터 난관이었다.

저희는 대형 업체들이 기반을 쌓은 서울을 피해 동탄을 비롯한 수도권 신도시로 갔어요. 하지만 대형 업체들은 서울에서 쌓은 영업력을 가지고 금세 지방으로 오더라고요. 또 막상 해 보니 소셜 커머스라는 방식 자체가 윈윈할 수 없는 구조였습니다. 상인을 설득해서 50% 할인된 딜을 진행하면, 이 딜을 이용했던 소비자들은 할인된 가격이 정가라고 인식했어요. 사업 모델이 지속 가능하지도 않았습니다.

시장의 상황과 고객의 수요에
귀를 기울여야 한다는 평범한 진리

신상마켓을 내놓기 전까지 실패는 반복됐다. 1년이 넘는 시간 동안 여덟

가지 사업에 도전했지만 아무런 시장의 반응을 얻을 수 없었다.

하나하나 말하기 창피할 정도로 많은 실패를 겪었어요. 왜 실패가 반복됐을까 돌이켜 보면, 시장의 수요를 고려하기보다는 우리가 만들고 싶은 걸 만들다 보니 시행착오가 길어졌던 것 같아요. 문제를 발견하거나 고객의 수요를 찾고, 사업으로 발전시키는 과정 자체가 어려웠습니다.

신상마켓 직전에 내놓았던 지역기반 서비스 **아이랑 외식하기**는 앱스토어의 라이프 스타일 카테고리에서 1등을 차지한 적도 있었지만 이 서비스도 수익화에 실패해서 또 접었다.

지금 돌이켜 보면 철저히 계획을 세워서 한 번에 큰 도전을 하기보다는 상품이나 서비스를 조금씩 잘라서 시장의 반응을 살펴보고 난 뒤에 차츰 시도했다면 더 좋은 결과가 나왔을 지도 모르겠어요. 하지만 당시에는 이런 생각을 못했죠.

신상마켓은 거듭된 실패 끝에 동대문 도매시장에 취직이라도 하자는 생각으로 다시 동대문을 들여다보다가 떠올린 아이디어였다.

쇼핑몰 경험을 떠올려 보니 모바일 시대에 맞게 도소매 사업자를 연결하면 사업의 기회가 열릴 것 같았어요. 카카오톡 같은 모바일 메신저가 없던 시기에 도매 사업자들은 소매 거래처들에게 신상품 사진을 찍어서 주기적으로 이메일을 보내고 있었고, 소매 사업자들은 동대문 시장에 직접 가지 않아도 판매할 상품을 쉽고 다양하게 보고 싶어 했죠. '보여 주고 싶은 쪽과 보고 싶은 쪽을 모바일 플랫폼으로 연결해 보면 어떨까.' 아직 이런 서비스가 없다면 우리가 해 보자는 생각으로 시작했습니다. 목표는 동대문의 전통적인 거래 방식을 디지털로 옮겨 와 편리하게 만드는 것이었죠.

2013년 여름, 신상마켓 앱을 내놓고 그해 8~9월 두 달 동안 발로 뛰면서 전국의 도소매 사업자들에게 서비스를 알렸다. 전단지 1만 장을 인쇄해서 동대문 도매시장과 서울 수도권의 소매 상점들을 직접 돌았다.

동대문 시장은 수많은 사업자가 한곳에 모여 있는 구조거든요. 신상마켓은 금방 입소문이 났어요. 이번 사업에서만큼은 고객의 요구를 가장 우선순위에 두어야겠다고 생각한 터라 상인들이 말해 주는 앱 사용 후기에 기민하게 반응했어요. 서비스 초기에는 1년 동안 애플리케이션 업데이트를 180번이나 했을 정도로 고객의 목소리를 들으려고 노력했습니다. 너무 업데이트가 잦은 것 아니냐는 이야기가 나올 정도였어요. 앞선 사업은 왜 실패했고 신상마켓은 어떻게 성공했을까 자문자답해 보면, 시장과 고객을 고려했느냐가 달랐던 것 같

아요. 추석과 설 같은 명절이나 여름휴가처럼 가족과 지인을
만나는 시기가 지나면 각종 지표가 올라가는 경험을 하고 있
는데, 서비스가 개선되는 모습을 본 기존 고객들이 입소문을
내줘서가 아닐까 짐작합니다.

급격한 전환보다는 관행을 존중하고 기존 플레이어와 협업하는 속도조절

신상마켓이 동대문 시장의 거래 관행을 디지털로 옮겨 오는 과정에서 중
시하는 부분은 '관행을 존중'하는 것이었다. 아무리 혁신적인 서비스라고
해도, 실제 이용자들에게 낯설면 의미가 없기 때문이다.

관행에는 다 이유가 있으니까요. 수십 년간 이어지던 방식이
잘 작동하는데, 신상마켓이 갑자기 새로운 방식을 제시하면
아무도 따라오지 않을 거예요. 기존의 관행을 크게 뒤흔들지
않으면서 편리함을 더하는 방식을 추구합니다. 가령, 인기
있는 도매상은 자정에 문을 열면 전화주문이 폭주해요. 소매
상들은 통화 중인 도매상에게 계속 전화를 걸어서 우연히 전
화가 연결되면 주문할 수 있죠. 도매상이 감당할 수 있는 만
큼의 주문을 선착순으로 받되, 앱을 통해서 정확한 시간에
선착순으로 마감하는 걸 도와주는 식입니다.

사람이 하던 일을 기술이 대체하면 충돌과 갈등도 불가피하다. 신상마켓이 동대문 시장의 물류를 대행하면, 수십 년간 동대문의 물류를 맡아온 사입삼촌들이 사라질 수 있다. 이에 대해 김 대표는 "디지털 전환이 고객에게 분명한 이익을 가져다주는 방향이라면 해야 한다고 생각한다"면서도 "지금은 사입삼촌과 협업하는 방법을 찾는 상황"이라고 말했다. 신상마켓으로 들어오는 물류 요청이 많을 때나, 도소매 사업자들이 사입삼촌을 별도로 찾는 경우가 있으면, 딜리셔스가 잘 아는 동대문 시장 사입팀과 일감을 나누는 식이다.

동대문 시장의 디지털 전환을 하고 난 뒤의 다음 목표는 글로벌 시장 진출이다. 딜리셔스는 2020년 네이버에서 76억 원을 투자받았고, 네이버와 함께 '동대문표' 옷을 해외에 판매할 계획을 갖고 있다.

최근 K-패션이 해외에서 큰 관심을 받고 있는데, 그 중심에 동대문이 있죠. 동대문은 반경 5~10km 안에서 옷의 디자인, 생산, 유통이 이뤄지므로 빠른 유행에 발맞춰 다품종 소량 생산을 하기에 적합한 생태계입니다. 아직 글로벌 시장에 알려지지 않았지만 잠재력이 크죠. 신상마켓도 이미 트래픽의 3%가 해외에서 발생하고 있습니다. 지금은 번역도 안 된 화면을 보고 주문을 하는 상황이지만 앞으로는 글로벌 바이어들이 제대로 이용할 수 있는 서비스로 발전시키고자 합니다.

좋은 문제를 발견해 해법 제시하면
부족한 스펙은 충분히 극복할 수 있죠

딜리셔스는 투자와 사업이 순서가 뒤바뀌어 진행된 점도 보통의 스타트업과 다른 점으로 꼽힌다. 대부분의 스타트업은 사업 아이템만 있는 상태에서 투자를 먼저 받지만, 딜리셔스는 도매 사업자로부터 받는 광고 수입만으로 신상마켓을 흑자 운영하다가 2017년에 처음으로 20억 원을 투자받았다. 첫 투자금을 다 쓰기도 전에 후속 투자를 하고 싶다는 투자사들의 문의가 밀려들었다. 2021년 4월 기준으로 총 255억 원의 누적 투자금을 쌓았다.

아무것도 없는 상태에서 아이디어만 갖고 투자받는 걸 잘하는 사람도 있지만 딜리셔스가 그걸 잘하는 팀은 아니더라고요. 그렇다면 사업으로 보여 주자고 생각했죠. 투자자를 찾기보다는 고객에게 집중하는 데 시간을 많이 썼어요.

예비 창업자들에게 김 대표가 건네는 조언은 두 가지였다. "시장성이 있으면서 동시에 내가 잘할 수 있는 분야를 찾았다면 주변에 휩쓸리지 말고 끈기 있게 사업을 이어 가라. 뛰어난 스펙을 가진 팀이 아니더라도 시장과 고객에 집중하면 충분히 성과를 낼 수 있다"는 것이다.

무엇을 하고 싶은지 방향을 잘 잡는 것이 첫걸음입니다. 갈

피를 잡지 못하는 상태에서 단지 내가 만들고 싶은 서비스를 내놓고 나서 초점 없이 일하는 시기를 경험해 보니 방향 설정이 매우 중요하다는 생각을 했습니다. 수요가 있고 실제로 사업을 해 볼 만한 시장을 찾았다면, 유행이나 트렌드에 영향을 받지 말고 꾸준히 밀고 나가는 뚝심이 필요합니다. 제가 뛰어든 동대문이란 곳은 지금 가장 핫한 산업이라고 보긴 어려워요. 하지만 그런 것에 휩쓸리지 않고 내가 의미 있다고 생각한 분야에 집중하여 꾸준히 끌고 가는 것도 하나의 방법이라고 생각합니다.

배경이나 스펙으로 투자를 받는 창업 팀도 많은데, 이런 조건을 갖춘 게 아니라면 현실을 빨리 인식하는 것도 필요하죠. 배경을 탓하기보다는 좋은 시장, 좋은 고객, 좋은 문제를 찾아서 의미 있는 결과를 만들어 낸다면 투자자들의 시선이 달라질 것이거든요. 고객이 있고 수익화 가능성이 보이는 사업이라면, 그때부턴 투자자들도 창업자의 스펙을 위주로 평가하진 않는 것 같아요. 가장 중요한 것은 시장과 고객에게 집중해서 기존의 문제를 찾아내고, 제품으로 해법을 제시하는 것입니다.

4장

세상을
바꾸려면
기존
규제와도
겨뤄야 한다

빈집 재생 프로젝트
다자요

― 남성준

스타트업이 새로 개척하는 사업은 기존 규제로는 규율되지 않아 기존 규제를 철저히 지킨 사업자들과 마찰을 빚기 쉽다. 다자요는 종종 기업의 존폐 문제로까지 이어지는 규제 이슈를 성공적으로 넘어섰다.

규제가 새로운 시장을 가로막을 때
어떻게 헤쳐 나가야 할까

제주 제주시 연동에 위치한 공유 오피스 **다자요 데스크**. 남성준(1974년생) **다자요** 대표는 이 공간을 '아주 슬픈 곳'이라고 말했다. 다자요의 빈집 재생 사업이 첫발을 떼자마자 규제 이슈가 불거졌을 때, 회사의 생존을 위해 눈물을 머금고 직원들을 내보내며 만든 공간이기 때문이다. 2020년 9월 정부의 '한걸음 모델'로 선정돼 규제 문제가 해소되기까지 1년 3개월 동안 남 대표는 지옥 같은 시간을 보냈다고 말했다.

스타트업이 변화를 만들어 내는 과정에서 기존 규제, 기존 사업자와 부딪히며 갈등이 불거지는 사례는 다양한 영역에서 비슷한 구조로 계속 되풀이되고 있다. 대표적인 갈등 사례였던 **타다**는 **타다 베이직**이 영업을 중단하면서 원만한 갈등 조정에 실패했다. 리걸테크 서비스 **로톡**과 미용·의료정보 플랫폼 **강남언니**는 각각 대한변호사협회, 대한의사협회와 마찰을 빚고 있다.

다자요도 비슷했다. 이들도 현행 법 제도, 기존 민박 사업자들과 첨예하게 대립하며 규제 샌드박스* 논의가 공회전을 거듭했다. 하지만 남 대표는 결국 성공적으로 사업을 재개했다. 그는 어떻게 갈등의 지옥을 지나왔을까. 지난 6년 그가 다자요를 운영하며 겪은 기쁨과 슬픔이 궁금했다.

제주 토박이가 15년 서울살이 접고
고향으로 돌아와 만든 '다자요'

남성준 대표는 제주 토박이다. 제주에서 태어나고 자랐으며 대학까지 졸업했다. 하지만 대부분의 지방 청년들처럼, 첫 직장은 2000년 서울에서 잡았다. 지방에는 청년들이 갈 만한 좋은 일자리가 턱없이 부족했기 때문이었다. 은행 근무 2년, 자격증 시험공부 3년, 이자카야 운영 10년, 총 15년간의 서울살이를 마치고 2015년 마흔한 살에 귀향했다. 마흔이 넘어 다시 취업을 하기는 어려울 듯했고, 창업을 생각하던 그의 머릿속에는 서울에서 사용했던 **우버, 에어비앤비**와 같은 플랫폼이 떠올랐다. 당시 제주도에서는 생소했던 플랫폼 사업을 남들보다 먼저 시도해야겠다고 생각했다.

---

* 새로운 제품이나 서비스가 출시될 때 일정 기간 동안 기존 규제를 면제, 유예시켜 주는 제도

지방은 서울과 비교하면 여전히 많은 부분에서 늦어요. 대표적인 국내 여행지인 제주에서 숙박 중개 서비스를 출시해 제주도의 플랫폼 사업을 선점하고 싶었어요. 고향 동네니까 영업도 자신 있었죠. 제주도로 다시 내려오기로 결심했던 때는 이자카야를 운영하면서 밤낮이 뒤바뀐 생활을 수년간 이어오느라 지쳤던 시기였어요. 게다가 저는 청소년기에 부모님이 두 분 다 돌아가셨고 결혼하지 않은 싱글이거든요. 부양할 가족이 없죠. 이런 상황들 때문에 적지 않은 나이에 새로운 시도를 하는 데 남들처럼 복잡한 고민을 하진 않았던 것 같아요.

2015년 10월, 다자요는 숙박 중개 플랫폼으로 첫발을 내디뎠다. 하지만 1년 만에 실패로 돌아갔다. 제주도에서는 플랫폼의 성장에 필요한 자금과 인력을 제때 확보하기가 어려웠다. 지방 스타트업의 한계를 몸소 겪었다.

제주도에는 김봉진 의장(배달의 민족), 김슬아 대표(마켓컬리) 같은 사업가를 롤 모델로 삼는 젊은이들이 많지 않았거든요. 공무원이 된 삼촌, 관광공사에 들어간 이모, 한라봉 농장으로 큰돈을 번 작은아버지를 롤 모델로 삼는 경우가 여전히 많습니다. 플랫폼에 대한 이해가 부족하고 성장의 토대도 약하다 보니 생각했던 것처럼 사업을 키우기 어려웠습니다.

소비자가 좋아할 만한 서비스를 적시에 내놓을 수 있도록 좋은 개발자와 함께 일하고, 개발에 필요한 자금도 제때 확보하면서 플랫폼을 키워가고 싶었지만, 스타트업에 대한 전반적인 이해도가 낮은 상황에서 적자를 내고 있는 작은 회사에는 아무도 관심을 갖지 않았다. 모바일 플랫폼에 적합한 코드를 짜는 개발자를 구하는 것도 어려웠다.

하지만 실패의 경험은 다음 단계로 나아가는 발판이 됐다. 플랫폼을 운영하면서 숙박 시장의 트렌드를 파악할 수 있었다.

시설이 좋고 프라이버시가 보장되는 독채형 숙소, 그러면서도 특색이 있는 공간. 이런 숙소를 직접 만들어 보자 싶었습니다. 직접 건물을 짓거나 사들이기엔 자금이 부족해서 빈집을 활용하자는 아이디어를 떠올렸죠. 전통 가옥을 활용한 숙소나 카페가 유행하는 흐름과도 맞을 것 같았어요.

오랫동안 방치되었던 빈집에
새 숨을 불어넣어 드립니다

2017년 다자요는 빈집 재생 스타트업으로 변신했다. 빈집을 무상으로 빌려서 실내 인테리어 공사를 무료로 해 주고, 다자요가 10년 동안 숙박업소로 영업을 한 뒤 집주인에게 다시 집을 돌려주는 방식이었다.

자식들은 서울로, 고향에 계신 어르신도 불편한 옛집보다는 시내의 아파트로 옮기면서 지방의 빈집이 생겨납니다. 돈을 들여 고치자니 부담되고, 고쳐도 임대가 될지 확신할 수 없고, 정든 고향 집을 남에게 팔긴 망설여지고…. 그렇게 치안과 위생 문제가 우려되는 빈집이 늘어나면, 동네에 들어오려는 사람들이 더욱 줄어들고 지방 도시는 점점 죽어 가는 마을이 되는 악순환에 빠집니다. 그래서 대개 빈집을 철거의 대상으로 보지만, 다자요는 자원으로 봤습니다.

첫 번째 숙소는 서귀포시 도순동에 있는 지은 지 100년이 넘는 빈집 두 채였다. 당연히 남 대표가 하려는 빈집 개조 사업이 무엇인지 제주의 어르신들은 이해하지 못했다. 처음엔 고향 인맥을 활용해 남 대표 후배의 아버지를 찾아가서 후배와 함께 설득했다. 공사에 필요한 돈은 **와디즈**의 크라우드 펀딩(crowd funding)*으로 마련했다. 다자요는 2017년부터 총 세 차례 크라우드 펀딩으로 일반인 투자자 350명에게서 총 8억여 원을 투자받았다. 이 돈으로 빈집 4채를 고쳤다. 일반인 투자자들은 한국벤처투자(5억 원), 제주창조경제혁신센터(3,000만 원) 등 기관투자자들보다 비중이 큰 다자요의 최대 주주다.

2018년 4월, '도순 돌담집'이 새로 태어나자 빈집 문제를 사실상 방치하고 있던 여러 지방자치단체에서 협력 문의가 줄을 이었다. 입소문

---

* 자금을 필요로 하는 수요자가 온라인 플랫폼 등을 통해 불특정 다수 대중에게 자금을 모으는 방식

을 듣고 '내 집도 고쳐 달라'며 다자요를 찾아오는 빈집 주인도 100명이 넘었다. 한국관광공사의 관광벤처사업 공모전에서 상도 받았고, 삼성 C-lab, IBK창공 등 민간 스타트업 지원 프로그램에도 선정됐다. 그렇게 다자요는 빈집 문제의 유의미한 해법으로 꼽히는 듯했다.

농어촌의 빈집 문제가 심각하지만 집은 사유 재산이기 때문에 지자체가 세금을 활용해 해결하기 어려웠습니다. 그래서 무상임대와 숙박업으로 풀어낸 다자요의 방식에 정말 많은 사람들이 관심을 보였어요.

하지만 두 번째 숙소인 봉성리 돌담집 두 채를 오픈하려던 2019년 6월, 모든 영업이 중단됐다. 다자요가 현행법을 어겼다는 민원이 접수된 것이다. 농어촌 민박은 주인이 거주하는 집에서만 가능한데, 집주인이 없는 빈집에서 집주인이 아닌 다자요가 영업을 했으니 불법이라는 취지였다. 기존 숙박업자들의 반발도 이어졌다.

객실 예약률이 75% 이상으로 상승하고 있던 때였어요. 막 성장을 시작하려던 시기에 갑자기 '불법 회사' 딱지가 붙었죠. 수많은 독채 민박이 모두 불법인데 왜 우리만이란 생각도 들었던 게 사실입니다. 투자와 협업 논의가 전부 중단되면서 모두가 등을 돌린 것만 같았어요.

20세기에 만들어진 법과 규제를
21세기 스타트업은 어떻게 넘어서야 할까

다시 한 번 다른 사업으로 전환하거나 다자요를 아예 접을 수도 있었지만, 남 대표는 버티기를 택했다. 제도가 상식을 못 따라오는 상황에서, 상식을 바탕으로 다자요의 사업이 계속되어야 한다고 공감해 주는 이들이 많았고, 승산이 있다고 봤다.

빈집 개조 숙박업은 '이것도 못하게 하면 어떡해?'라고 할 만한 일 같았어요. 제주창조경제혁신센터나 코리아스타트업포럼 등 제 문제의식에 공감하는 기관도 많았죠. 무엇보다 소액 주주들이 힘을 내라며 3억 원 가까이 추가로 투자금을 모아 줬던 것이 힘이 됐습니다.

버티기에 들어간 다자요는 허리띠를 졸라맸다. 영업 중단으로 매출이 끊기면서 직원들의 월급을 감당하기가 어려웠다. 직원 10명 중 절반을 내보내고 남는 공간을 공유 오피스로 전환해 새로운 수익을 냈다. 숙소는 크라우드 펀딩에 참여했던 소액 주주 350명을 대상으로 제한된 영업을 했다. 지난해 코로나19가 전 세계를 뒤덮으며 해외여행이 막힌 상황은 다자요에겐 더없이 좋은 사업 확장의 발판이었지만 이 기회를 통째로 날릴 수밖에 없었다.

국내 여행, 제주 여행이 '터진' 전례 없는 기회를 완전히 놓쳤죠. 하지만 코로나라는 기회가 날아가서 아쉽다는 생각은 거의 못했어요. 규제 이슈를 해결하는 것이 너무나 절박했으니까요.

사업을 하는 과정에서 규제나 기존 사업자와 겪는 충돌은 다자요 말고도 많은 스타트업이 맞닥뜨릴 수 있는 문제다. 이 과정을 먼저 경험한 남 대표는 이런 소회를 밝혔다.

2020년대에 스타트업을 창업하면 기존 제도와 충돌이 불가피해요. 모든 법은 20세기에 만들어졌으니까요. 이때 중요한 질문은 '아니 이런 것도 못하게 해?'와 '이런 것까지 풀어 줘야 해?'의 차이입니다. 스타트업의 사업이 이 시대에 도움이 되는지 고민해 봐야죠. 동시에 그 사업으로 피해를 입는 사람이 생기면 어떤 보상을 할 수 있는지도 고민해야 합니다. 다자요는 매출의 1.5%를 마을에 기부금으로 내기로 했습니다. 영업이익이 아닌 매출을 기준으로 해서 꽤 큰 출혈이지만, 마을의 정취는 다자요가 만든 게 아니니 저희도 뭔가 해야 한다고 생각합니다. 갈등이 생겼을 때 함께 잘될 수 있는 '상향평준화'를 고민했습니다.

변화하는 기술, 산업 상황에 맞게 제도를 합리적으로 고치려는 공무원들에게 더 많은 혜택이 돌아가야 할 필요도 절감했다.

규제를 합리적으로 개선한 공무원에게는 보상을 줘야 하지만, 현실에선 개선 이후에 누군가가 민원을 제기하면 왜 바꿨냐며 공무원에게 책임을 묻더군요. 공무원들이 현행법을 지키도록 소극적으로 법을 해석할 수밖에 없었던 사정도 이 과정을 거치며 알게 됐습니다.

지방에도 풀어야 하는 문제가 한가득
지역 스타트업이 더 많이 탄생해야만 하는 이유

남 대표는 서울이 아닌 제주에도 더 많은 스타트업이 생겼으면 좋겠다는 바람이 있다고 말했다.

스타트업은 기본적으로 문제를 해결하고자 하는 데서 사업이 시작됩니다. 지역에도 서울 못지않게 다양한 사회 문제가 있어요. 지금까지 해결이 안 된 문제들은 기존의 기업, 제도, 관이 해결하기 어렵다는 뜻입니다. 다자요 같은 스타트업이 많아져야 지방 도시가 갖고 있는 여러 문제를 해결할 수 있습니다. 그러려면 서울을 중심으로 모여 있는 다양한 스타트업 인프라가 지방으로도 확산되어야 합니다. 저는 지금도 사업 논의를 위해서 일주일에 3일가량은 서울에 가요. '서울의 창업지원 공간, 자금, 인재가 제주에도 있다면…'이라는 생각을 늘 합니다. 이를 위해서는 지방에서도 충분히 스타트업 창업이 가능하다는 사회 전체의 인식 전환이 무엇보다 필요합니다.

제주를 포함한 지방의 청년들이 창업을 꿈꾼다면 다양한 창업 공모전에 끊임없이 도전하는 것이 도움이 될 수 있다는 팁도 전했다.

창업하려는 아이템이 반드시 강남에서 실험해 봐야 하는 경우라면 서울에서 시작해야겠지만, 그렇지 않은 아이템도 분명히 있을 겁니다. 지방에서도 창업에 도전하는 사례가 더 많아졌으면 좋겠어요. 그런데 지방에서 모든 창업 과정을 오롯이 준비하기에는 아직까지 한계가 있을 거예요. 저는 이 문제를 전국 단위 공모전에 도전하는 방식으로 보완했어요. 내 아이템이 정말로 전국적으로 통할 수 있는지 평가받을 수 있고, 사업 모델을 다듬을 수도 있었습니다. 지방에서는 서울의 큰 공모전에 나가는 걸 겁내는 경우도 많은데, 공모전 탈락은 사업 실패가 아닌 그저 공모전 탈락일 뿐입니다. 내 아이템을 시험해 보려면 계속 중앙을 두드릴 필요가 있어요.

또 엑셀러레이터(accelerator)*나 벤처캐피탈(venture capital)** 같은 투자자들이 지방엔 거의 없으니 서울 사람들을 계속 만날 기회를 만들어야 합니다. 그들에게 지방에도 창업자가 있다는 걸 끊임없이 알려야 그들도 지방으로 눈을 돌리겠죠.

마을과 함께 성장하는 여행을 고민합니다

2021년 여름 다자요는 다시 달릴 준비에 한창이었다. 2020년 9월 정부의 신산업 갈등 조정 매커니즘인 '한걸음 모델'의 첫 사례로 선정되면서 2022년까지 5개 지자체에서 빈집 50곳을 활용해 사업을 할 길이 열렸다. 남 대표를 만났을 당시, 협업 대상을 선정하는 논의가 진행 중이었다. 2021년 9월부터는 예전처럼 일반인 대상의 숙박 예약도 다시 시작했다. 빈집 수리를 논의했던 집주인들과의 신뢰 회복도 중요한 과제다. 다자요의 사업이 멈춰 있던 동안 빈집 수리를 논의했던 이들 중 상당수가 다른 사업자를 찾아가거나 집을 팔았다고 한다. 이들과의 약속을 못 지킨 것이 남 대표의 마음에 무겁게 남아 있다.

'눈물 없이는 들을 수 없다'는 다자요 이야기를 들려 준 남 대표에게

---

* 　초기 창업기업을 발굴해서 엔젤투자, 사업 공간 제공, 멘토링 제공 등 종합보육서비스를 제공한다.

** 　고도의 기술력과 장래성은 있으나 경영 기반이 약해 일반 금융기관으로부터 융자를 받기 어려운 벤처기업에 무담보 주식투자 형태로 투자하는 기업이나 그러한 기업의 자본을 말한다.

사업을 하면서 기뻤던 순간은 언제였는지 물었다. 그는 첫 번째 집을 고쳤던 날, 집 주인과 마을 사람들이 기뻐하던 모습을 가장 좋았던 순간으로 꼽았다.

한 가지 프로젝트가 끝나서 후련했고, 사람들이 좋아하던 모습을 보면서 이 일을 계속해야겠다고 생각했습니다. 규제로 사업이 막혔을 시기에 다자요를 응원해 주는 사람들을 만났을 때도 좋았죠. 규제에 묶였던 1년 3개월 동안 성장하는 방법을 잊어버렸다는 생각이 들기도 합니다. 하지만 결국에는 상식이 이긴다는 걸 배웠고, 세상엔 안 될 일이 없다는 자신감도 생겼습니다. 힘들었던 시간보다는 고마운 마음을 더 많이 기억하려고 합니다. 마을 사람들과 잘 지내면서 다자요를 더 크게 키워 가고 싶습니다.

창업가 수업

대한민국 최초의 전동킥보드
공유 서비스

올룰로

─ 최영우

최영우 대표는 16년 동안 자동차를 연구했다. 그러던 그가 자동차가 아닌 '킥보
드'로 창업을 했다. 이동을 새롭게 정의하는 국내 1위 공유 전동킥보드 '킥고잉'

자동차 말고도 다양한 교통수단이
다닐 수 있어야죠

최근 2~3년 사이 도로의 모습을 가장 많이 바꿔 놓은 교통수단은 단연 전동킥보드다. 어린이들의 장난감 혹은 레저용 기기로 주로 사용되던 킥보드는 이제 짧은 거리를 이동할 때 쓰는 일상적인 교통수단으로 전 세계에서 자리를 잡고 있다. 버스나 지하철에서 내려서 걷기엔 멀고 택시를 타기엔 가까운 거리를 이동할 때, 사람들은 길가에 흔히 보이는 전동킥보드를 이용해 편리하게 움직인다. 동시에 복잡한 도로에 새로운 이동수단이 끼어드는 모습에 대한 반감, 사고를 우려하는 목소리도 함께 커지고 있다.

우리나라에서 전동킥보드 사업을 가장 먼저 시작한 곳은 **현대자동차** 출신의 최영우(1976년생) 대표가 2018년 창업한 **올룰로**(olulo)의 서비스 **킥고잉**이다. 서울 역삼동 올룰로 사무실에서 만난 최 대표는 "16년 동안 자동차 회사에 다니면서 했던 고민을 바탕으로 역설적이게도 자동차가 아닌 교통수단을 발굴하는 사업을 하고 있다"고 말하며 웃었다. 자동차 말고도 다양한 이동수단이 도로에서 조화롭게 어울려 움직이는 모습을 그린다는 최 대표를 만나서 그가 꿈꾸는 미래의 도로의 풍경이 무엇인지 물었다. 킥보드 업계의 생사가 걸린 '헬멧 규제 의무화법'에 대한 생각도 들어 봤다.

자동차 회사를 다니며 늘 고민한
자동차의 사회적 비용이 사업의 토대

포항공대와 서울대에서 전자공학을 전공한 최영우 대표가 모빌리티와 인연을 맺게 된 계기는 2002년 전문연구요원으로 **현대모비스**에서 근무하면서였다. 인터넷과 연결돼 양방향 소통이 가능한 '커넥티드카'를 연구하면서 자동차 이용자의 편리함을 높이는 기술을 개발했다. 현대자동차에서 생산되는 자동차의 내비게이션에 음성인식 기술을 적용한 것이 최 대표가 기획했던 프로젝트이다. 창업의 꿈을 오랫동안 꾸던 터라 현대자동차에 다니는 동안 사내벤처 프로그램에도 참여했다. 음악, 주행기록 서비스 등 여러 시도를 해 봤지만 성과를 거두지는 못했다.

자동차 회사를 퇴사하고 그동안 교통수단으로 사용하지 않던 킥보드라는 아이템으로 창업을 하게 된 이유는 무엇이었을까. 최 대표는 일본의 경제학자 우자와 히로후미가 쓴 《자동차의 사회적 비용》이라는 책 이야기를 꺼냈다.

이 책의 질문은 이렇습니다. 자동차는 과연 인간을 편리하게
만 하는가? 자동차를 이용하지 않는 사람은 자동차 때문에
많은 불편을 겪는데 자동차가 늘어나야 하는가? 1970년대에
나온 책이지만 전체적인 맥락에서 50년 전이나 지금이나 자
동차가 유발하는 문제가 크게 다르지 않다는 점이 놀라웠죠.
자동차 회사에서 일하며 남들보다 자동차에 대해 더 깊은 고
민을 했었는데, 이 책에서 많은 영감을 받았습니다. 사내 벤
처로 킥보드 사업을 시도해 볼 수도 있었지만, 당시엔 아무
도 전동킥보드 사업을 안 하고 있다 보니 킥보드를 이동수단
으로 쓴다는 생각을 하긴 어려운 시절이었어요. 자동차 회사
의 아이템으로는 조금 이른 것 같았죠.

최 대표는 전동킥보드 사업을 구체적으로 그리게 된 계기는 우연이
었다고 말한다. 카페에 앉아 창업 아이템을 고민하던 어느 날, 눈앞에 전
동킥보드 두 대가 휙 지나가는 걸 보고 번뜩였다.

일단 재미있어 보였어요. 직접 타 보니 자전거의 단점을 보
완하는 교통수단으로서 가능성도 보였고요. 자전거는 타는
사람마다 알맞은 안장 높이가 다르고, 여성 이용자들은 치마
를 입었을 땐 타기가 어려운 불편함이 있지만 킥보드는 이런

불편함을 충분히 해소하는 단거리 이동수단이 될 것 같았거든요. 자전거보다 공간도 덜 차지하니까 한국처럼 공간이 협소한 도시에 적합하고요. 전동킥보드가 레저 수단을 넘어서는 이동수단으로써 충분히 가능성이 있다고 생각했습니다.

2018년 초, 16년간 일했던 현대자동차를 퇴사한 뒤 올룰로 창업을 본격적으로 준비했다. 함께 사업을 할 파트너로는 경기과학고등학교 동창인 이진복 당시 우아한형제들 연구실장이자 현재 올룰로 최고기술책임자(CTO)에게 손을 내밀었다. 최 대표 제안을 수락한 이 CTO는 전동킥보드 사업에 합류하면서 '올룰로'라는 사명도 만들었다. 발음도 쉽지 않은 올룰로(olulo)는 이동수단을 형상화한 상형문자다. 두 바퀴 이동수단을 타고 있는 사람의 옆모습으로 볼 수도 있고, 두 바퀴를 헤드라이트로 보면 자동차 앞모습처럼 보이기도 한다.

도시 안 단거리 이동의 풍경을 새롭게 디자인하다

2018년 9월, 올룰로의 전동킥보드 대여 사업 킥고잉은 새로운 서비스를 받아들일 준비가 된 젊은층이 많은 서울 강남과 마포에서 출발했다. 최 대표는 킥고잉의 목표를 '도시의 단거리 이동을 자동차에서 킥보드로 바꾸는 것'이라고 설명했다.

170

서울 시내의 자동차 이동을 들여다보면 5km 미만의 짧은 이동이 절반 가까이 차지합니다. 짧은 거리를 이동하는 데 육중한 자동차가 필요하고, 자동차가 없으면 불편을 느끼는 도시는 분명히 문제가 있다고 생각했어요. 자동차가 너무 많아서 나타나는 문제점을 해결하고 싶었습니다.

처음 시장을 개척한 사업자로서 어려웠던 점은 이동수단으로써 킥보드를 설명하는 일이었다. 유망한 사업을 먼저 알아보고 투자하는 일을 업으로 하는 벤처투자자조차도 킥고잉 시작 당시에는 전동킥보드 사업에 고개를 가로저을 정도였다.

'길에 오토바이가 다니는 것도 싫은데 킥보드까지 더해지면 안 된다. 정말 싫다' 이런 말까지도 하더군요. 자전거도 오토바이도 모두 싫고 도로에는 자동차만 다녀야 한다는 생각이 일반적인 기성세대, 자동차 운전자들의 인식이죠. 이런 생각이 전동킥보드를 이동수단을 정착시키는 데 가장 큰 장애물이었습니다.

출범 3년째인 2021년 기준으로 킥고잉은 서울 18개구와 경기·인천 7개 도시에서 킥보드 2만 대를 운영하고 있고 회원 수는 100만 명을 넘었다. 2030 남성이 주 이용자층이지만 점점 여성과 4050 세대로 확대되고 있다. 교통수단으로써 전동킥보드를 가장 많이 이용하는 형태는 대중

교통 이용을 보완하는 방식이다. 지하철역이나 버스정류장에 내려서 최종 목적지까지 가는 '라스트 마일(last mile)' 이동이 대부분이다. 배민 커넥트나 쿠팡 플렉스 등 크라우드 소싱(crowd sourcing)* 방식의 음식 배달 일을 할 때 이용하는 사람들도 많다.

킥고잉 출시 이후 **씽씽, 알파카** 등 국내 후발주자 업체들도 속속 생겼고 **라임**이나 **빔, 뉴런** 등 해외 업체들도 한국 시장에 하나둘 진출하고 있다. 2021년 5월 기준 국내에서 업체들이 운영하는 전동킥보드는 9만 1,028대로, 2019년 12월 1만 7,130대, 2020년 10월 5만 2,080대에 견줘 짧은 시간에 빠르게 덩치를 키웠다. 이용 건수도 크게 늘었다. 2020년 3월부터 8월까지 6개월 동안 누적 이용횟수는 1,519만 건, 그다음 6개월인 2020년 9월부터 2021년 2월 사이엔 2,430만 건으로 60% 증가했다.

헬멧 의무화법으로 생사 기로에 놓이다

2021년 5월 13일부터 시행된 개정 도로교통법은 공격적으로 사업을 확장하던 전동킥보드 업체들에게 제동을 걸었다. 헬멧 착용을 의무화하는 내용을 담고 있는 이 법이 시행된 직후 킥고잉을 포함한 킥보드 업체들의 이용률은 절반 수준으로 뚝 떨어졌다. 이용요금이 업체들의 주 수익원인

---

* 플랫폼사가 나눠 주는 업무 일부를 일반인이 맡아 하는 서비스로, 틈나는 시간마다 음식을 배달하고 건수에 따라 배달료를 지급받으며 수입을 올릴 수 있는 새로운 형태의 경제 활동 방식이다.

창업가 수업

터라 이 제도가 계속되면 매출 타격이 불가피하다. 이에 킥고잉 등 14개 킥보드 사업자들이 모인 코리아스타트업포럼 산하 퍼스널모빌리티산업협의회(SPMA)는 업계의 명운이 걸린 헬멧 착용 의무화 이슈에 대해 한목소리로 헬멧 규제 완화를 요구하고 있다.

최근 수년간 한국의 도로체계는 '자동차 우선'에서 '보행자 우선'으로 방향 전환이 진행되고 있었다. 이런 가운데 전동킥보드가 새로운 교통수단으로 등장하면서 도로교통 법제 논의는 좀 더 다양한 요소를 고려할 필요가 생겼다. 전문가들은 전동킥보드 등 다양한 개인형 이동수단(personal mobility, PM)의 안전한 이용을 위해서는 헬멧 착용뿐만 아니라 보다 종합적인 안전대책이 필요하다고 말한다. 자전거 도로 확충, 안전성이 확보되는 바퀴 크기 규제 등 여러 요소를 폭넓게 고려해야 하는데, 현재는 헬멧 착용 의무화에만 집중하고 있어 논의가 협소하게 이뤄지는 점을 문제로 지적하고 있다. 또 한국보다 앞서 전동킥보드를 교통수단으로 이용하며 혼란을 겪은 미국, 프랑스 등 서구 국가들의 경우 헬멧 착용 의무는 청소년에게만 지우고 성인에게는 선택할 수 있게 하고 있다. 안전 규제와 관련해 최 대표는 '현실성을 고려해 달라'는 논리를 폈다.

전동킥보드 업계가 헬멧 착용에 무조건 반대하는 것은 아닙니다. 해외처럼 청소년은 의무, 성인은 선택에 맡기자는 것입니다. 킥보드의 이용 행태, 자전거와의 형평성을 고려해 합리적으로 조정할 필요가 있습니다.

현재 업체들의 전동킥보드는 시속 20㎞ 수준으로 속도를 제한하는 등 전기자전거와 비슷하게 달리고 있는데, 전기자전거의 경우 권고사항인 헬멧 착용이 킥보드의 경우에는 위반 시 범칙금 2만 원으로 강제되는 것은 지나치다는 것이다. 또 업체들이 킥보드에 헬멧을 비치했을 때 실제 착용으로 이어지는 비율은 3%에 불과하고, 헬멧 비치 의무화가 실제 착용으로 이어지지도 않는다고 주장했다. 이에 최 대표는 '진방의 보행자를 인식해서 사람이 많은 길을 갈 때는 경고를 하거나 킥보드의 속도를 제어하는 등의 기술로 안전 문제를 해결하고자 한다'고 덧붙였다.

전동킥보드가 도시에 꼭 필요한 교통수단으로 자리매김했으면

올룰로를 창업한 뒤 3년의 시간을 최 대표는 이렇게 돌아봤다.

첫 1년은 룰을 세팅하는 시간이었던 것 같아요. 지방자치단체나 경찰 쪽과 만나서 이 새로운 교통수단이 도시에서 어떻게 자리를 잡아야 하는지, 어떤 사회적 효과가 있는지 설명했어요. 규제 대상인지 활성화 대상인지 지금보다 더 애매하던 때에 한 명 한 명 쫓아다니면서 새로운 기회를 만들어 냈습니다. 그다음 1년은 굉장히 많은 업체가 생겨났어요. 시장이 활성화되기 시작했던 때였죠. 후발주자들과 치열하게 경쟁도 했지만, 시장을 함께 만들어 가는 파트너라는 생각이 더 컸습니다. 그다음 1년은 사람들이 수용할 만한 이동수단으로 거듭나기 위해 노력하는 단계인 것 같아요. 규제와 사람들의 인식 등을 어떻게 바꿔 나갈지 고민하고 있습니다.

현재 한국의 도로와 교통법 제도는 교통수단으로서 전동킥보드를 받아들일 준비가 부족한 것이 사실이다. 킥보드에 '킥라니'(킥보드+고라니)나 '도로의 무법자'라는 별명이 붙은 것도 어디서 어떻게 타야 할 지 공간이 제대로 마련되지 않은 상황인 탓이 크다. 이에 대해 최 대표는 "제도적인 준비가 덜 된 상황에서 킥보드 서비스가 빨리 나온 게 맞다"면서도 "제도나 인프라는 늘 산업보다 느리다. 산업이 발전하면서 인프라와 제도도 함께 바뀌어 나가는 것"이라고 말했다.

꼭 전동킥보드가 아니더라도 그동안 자동차와 보행자만 다니던 길에 새로운 이동수단이 들어오면 당연히 불편합니다. 하지만 새로운 이동수단을 불편하게 생각하는 목소리는 과거에 자동차가 처음 등장했을 때도 마찬가지였어요. 1800년대 후반 영국에선 '붉은 깃발법(The Locomotives on Highways Act)'*을

---

* 1865년 영국에서 제정돼 1896년까지 약 30년간 시행된 세계 최초의 도로교통법인 동시에 시대착오적 규제의 대표적 사례로 꼽힌다. 마차 사업의 이익을 보호하기 위해 자동차의 최고속도를 시속 3km(도심)로 제한하고, 마차가 붉은 깃발을 꽂고 달리면 자동차는 그 뒤를 따라가도록 하는 법이다. 이로 인해 영국은 가장 먼저 자동차 산업을 시작했음에도 불구하고 독일과 미국에 뒤처지는 결과를 초래했다.

만들어서 자동차의 속도 등 통행을 통제했죠. 그렇지만 결국 자동차는 가장 보편적인 이동수단으로 자리 잡았지요. 처음부터 모두가 자동차에 열광하진 않았지만 도시와 타협하고 변모하는 과정을 거치면서 정착했듯, 전동킥보드도 비슷한 과정을 겪는 것 같습니다. 사람들이 전동킥보드를 수용할 수 있을 때까지는 시간이 필요하고, 저는 그 과정에서 킥보드가 이동수단으로 자리 잡을 수 있도록 최선을 다하는 것이 목표입니다. 킥보드가 도시에 꼭 필요한 이동수단이라는 확신이 있거든요.

5장

경험은 성공으로 가는 가장 큰 자산이다

크리에이터를 위한 크라우드 펀딩

텀블벅

─ 염재승

텀블벅은 2011년 설립된 국내 최초의 후원형 크라우드 펀딩 플랫폼이다. 텀블벅
이 유독 눈에 띄는 이유는 단지 성공했기 때문만은 아니다. 텀블벅은 여성, 성소
수자, 동물, 환경 등 사회에서 외면하거나 조심스러워하는 주제를 다루는 창작자
들이 날개를 달 수 있는 공간이다.

창작자들의 창작비용 고민을 해결해 드립니다

학창 시절 공부를 잘해서 법대에 가려던 염재승(1988년생) **텀블벅** 대표는 한국예술종합학교(이하 한예종)에 입학해 영화 연출을 공부했다. 그런데 최근 10년 동안 그는 영화 연출가가 아닌 사업가로 살았다. 하고 싶은 일을 찾아서 영화과에 진학했지만, 영화를 찍으려면 돈이 필요하다는 사실을 알았기 때문이다. 원하는 바를 쫓았고 그것을 실현하려는 궁리를 하다 보니, 영화감독 염재승이 아닌 크라우드 펀딩 플랫폼 텀블벅의 염재승 대표가 되어 있었다.

영화감독을 좋아하는 취향은 사람마다 제각각이죠. 저는 '스타트업 스타일' 영화감독들이 좋았어요. 피터 잭슨, 스티븐 스필버그, 조지 루카스 같은 감독들요. 이들은 상업적으로 크게 성공한 전형적인 할리우드 영화를 만들었지만 시작은 스타트업과 비슷해요. 탁상에 앉아서 시나리오를 쓰고 자본을 얻어 썼다기보단, 직접 카메라를 들고 무작정 뒷마당에 나갔고 돈이 없으면 직접 재료를 구해 만들어서 찍는, 저예산 B급 영화를 만들면서 명성을 얻었죠. 이런 걸 동경했다는 점이 저에게는 창업의 시작이 아닐까 싶습니다.

텀블벅은 2011년 설립된 국내 최초의 후원형 크라우드 펀딩 플랫폼이다. 크라우드 펀딩은 기존의 제도권 금융을 통하지 않고, 콘텐츠 생산자가 플랫폼의 중개를 바탕으로 대중에게서 직접 자금을 유치해서 결과물을 만드는 자금 모집 방식이다. 텀블벅처럼 창작물을 만드는 프로젝트를 후원하는 방식도 있지만 대출형, 증권형 펀딩 등 금융 상품을 대체하는 방식도 있다.

텀블벅은 아이디어가 있는 창작자가 프로젝트를 올리면 후원자인 소비자들이 '밀어주기'라는 이름의 결제를 하는 식으로 운영된다. 소비자들은 일정 시점이 지나서 콘텐츠가 완성되면 결과물을 받아 볼 수 있다. 2017년 출간된 이기주 작가의 《언어의 온도》는 텀블벅을 통해 출간된 뒤 오프라인 서점가에서 큰 인기를 얻었다. 2019년 베스트셀러였던 백세희 작가의 정신과 상담 에세이 《죽고 싶지만 떡볶이는 먹고 싶어》도 텀블벅 펀딩으로 시작해 성공을 거둔 작품이다.

염 대표는 꼬박 10년 동안 열정을 쏟았던 텀블벅을 2020년 6월 온라인 핸드메이드 마켓 **아이디어스**에 매각했다. 첫 사업을 한 번 매듭지은 그를 서울 을지로 패스트파이브에 입주한 사무실에서 만났다. 그는 이미 오래전에 학교에서 회사로 생활의 기반이 되는 물리적 공간을 옮겼지만, 그의 삶은 영화와 사업의 경계 속에 있었다.

학교를 발칵 뒤집고 영화과에 간
강남 8학군 전교 1등 엄친아

염 대표는 '치맛바람이 센, 전형적인 강남 8학군'에서 학창 시절을 보냈다. 성적도 전교 1, 2등을 할 정도로 좋았다. 법대처럼 '문과 모범생' 진로를 생각했으나 고등학교 2학년 때 돌연 방향을 틀었다.

> 돌아보니 저는 어릴 때부터 뭔가를 만들고, 그 결과물로 사람들의 감정을 일으키는 것에 관심이 많았어요. 하지만 학창 시절에 공부만 하길 강요받았고 좋아하는 일을 하면 할수록 '죄책감'을 느꼈어요. 고등학교 2학년 때 한국예술종합학교에 가면 영화 공부를 할 수 있다는 걸 알게 되면서 조금은 즉흥적으로 진로를 바꿨습니다.

전교 1등의 예상 밖 선택은 학교를 발칵 뒤집어 놓았다.

> 입시 실적을 낼 때 한예종은 안 쳐주는 학교였으니까요. 다

시 생각해 보라는 설득도 많았어요. 한예종은 수석으로 입학했습니다. 그런데 그렇게 들어간 학교를 결국 졸업하지 못했고 지금은 회사에서 가방끈이 가장 짧은 사람이 됐네요.

영화를 배우러 간 대학에서 염 대표는 '카메라 렌탈 사업자'가 됐다.

기술에 관심이 많아서 다양한 카메라 장비를 직접 샀어요. 우리나라에 안 팔면 미국에 직접 주문했죠. 제가 대학에 들어갔던 2006년은 유튜브가 등장했고 성능 좋은 다양한 카메라들이 나오던 시기였어요. 그 경계의 시대에 신문물을 계속 들여오고 만져 봤습니다.

그렇게 사놓은 장비는 동기들과 함께 썼다. 작지만 렌트비도 받았다.

동기들한테 저는 진취적인 사람이었고, 특수 효과와 분장을 다 구현해 주는 친구였어요. 하지만 나중엔 동기들 상대로 카메라 렌탈 사업을 하는 사람이 됐지만요.

염 대표는 크게 웃었다. 카메라 렌탈로 버는 돈은 쏠쏠했다.

군대에서도 계속 돈이 모이는 구조였으니까요. 그렇게

창업가 수업

1,000만 원을 모아서 텀블벅 창업의 자본금으로 썼습니다.

아이디어를 현실로 만드는
쇠똥구리가 바로 텀블벅

텀블벅은 염 대표가 디자인을 전공한 친구들 3~4명과 직접 홈페이지를
만들어 시작했다. '영화를 찍으면서 맞닥뜨리는 어려움을 어떻게 해소할
수 있을까'라는 질문에서 텀블벅은 출발했다.

영화를 만들려면 전화나 카카오톡으로 돈을 구하는 게 일이
었어요. 이 일을 오프라인에서 온라인으로 옮기면 어떨까 생
각했습니다. 텀블벅이란 이름으로 이 아이디어를 몇 배로 확
장한 거죠. 자연스럽게 '창작 아이디어를 파는' 크라우드 펀
딩이라는 형태로 발전했습니다.

혼자만의 고민이 아니라 영화나 미술을 공부하는 주변 친구들도 다
들 비슷한 사정이니 수요도 많을 것으로 예상했다.

스타트업 경영 전략 중에는 '고객과 가까워지고, 고객이 원
하는 것을 만들라'는 말이 있어요. 이 사업은 시작부터 이미
주변에 잠재 고객이 너무나 많았어요. 친구들이 모두 고객이

었으니까요. 의식하지는 못했지만 결과적으로 잘되는 전략을 취하고 있었던 거죠.

염 대표는 가까운 사람들이 올려 준 초창기의 프로젝트가 '텀블벅 10년' 역사 속에서 가장 기억에 남는다고도 말했다. 가벼운 마음으로 시작했지만 서비스 런칭 이후 상황은 가볍지 않았다. 서비스를 이용하는 사람들이 보이기 시작하니 책임감이 생겼다. 그냥 가만히 둔다고 성장하는 것은 아닐 테니 신경 쓸 점도 많았다. 항의건 애정 어린 칭찬이건, 고객 목소리가 들리니 텀블벅에 온전히 시간을 쏟게 됐다.

학교로 못 돌아갈 정도로 할 일이 너무 많았어요. 그게 문제였고, 저는 진지했습니다.

염 대표와 친구들은 학교로 돌아갈지 텀블벅을 이어 갈지 선택해야 했다.

같이 하자는 말이 선뜻 안 나왔어요. 돈 벌려고 시작한 일이 아니라 저도 잘 모르니까, 동료들에게 창창한 미래를 제안할 수 없었거든요. 어떻게든 허리띠를 졸라매고, 텀블벅을 운영 가능한 상태로 만들어야겠다는 생각을 많이 했습니다.

프로그래밍의 '프'자도 몰랐다는 염 대표는 개발자를 채용할 돈이 없어서 그때부터 직접 코딩을 배웠다.

아무것도 몰랐지만 그래도 할 수 있을 것이란 '무지에 가까운 용기' 덕분에 배우면서 일했고, 점차 사업을 알아 가면서 개발자도 합류하고 투자도 받고 팀이 형성됐습니다.

'텀블벅'이라는 이름은 고민과 실수가 함께 빚어 냈다. 원래 서비스 이름은 "텀블벅이 아닌 다른 '긴 이름'이었다"고 염 대표는 말했다.

서비스를 준비하면서 만난 사람들에게 '긴 이름'을 말하면 잘 못 알아듣더라고요. 서비스 런칭 3일 전에 이름을 다시 짓는 논의를 했습니다. 그때 한 디자이너분이 쇠똥구리를 떠올렸어요. 아이디어를 공개하고 이 프로젝트를 응원해 달라고 하면 사람들이 모이고, 그렇게 창작물이 세상에 태어나게 되는 과정이 마치 작은 모래알이 굴려지고 뭉쳐질수록 덩치가 커지는 쇠똥구리와 비슷하다고 생각했다면서요. 쇠똥구리의 영어 이름이 텀블벅(tumblebug)이었습니다.

텀블벅의 공식 영어 표기는 'tumblbug'이다.

홈페이지 도메인을 신청하려고 보니 당시 tumblebug.com은 이미 있었어요. 중간에 들어간 'e'를 뺀 tumblbug으로 정했습니다. 그런데 알고 보니 쇠똥구리가 굴리는 쇠똥이나 말똥은 저희가 처음 생각했던 것처럼 작은 것이 커지면서 만들어지는 게 아니라, 큰 것을 깎아 가면서 만드는 것이었어요. 곤충학을 모르는 저와 멤버들이 반대로 알고 지은 이름이었습니다.

사업의 성패가 달린 간편결제
네이버 뮤직 정기결제가 힌트였다

염 대표는 텀블벅의 성패는 '얼마나 편하게 결제를 할 수 있는지'에 달려 있다고 봤다. '그동안 우후죽순 생겨난 수십 개의 크라우드 펀딩 중에서 가장 경험이 없고, 어리고, 미성숙해 보이는 사람들이 만든 텀블벅이 살아남은 이유도 여기에 있다'고 했다.

창작자의 프로젝트를 보고 지갑을 열면 후원을 마칠 때까지 마찰이 없어야 한다고 생각했어요. 인터넷 쇼핑몰에서는 결제를 어렵게 만드는 주범으로 꼽히는 '액티브 엑스'나 '공인인증서' 같은 장벽이 있어도 욕하면서 삽니다. 하지만 텀블벅 소비자들은 동기가 다르다고 봤어요. 프로젝트에 동의하고 '선의'를 갖고 지갑을 열었는데 결제가 매끄럽지 않다면 중간에 포기할 테니까요. 저희는 이 문제가 안 풀리면 서비스를 런칭하지 않겠다고 작심했습니다.

그는 간편결제와 관련해 2011년 당시 한국은 '갈라파고스'였다고
했다.

해외에서는 편리하게 결제하는 방법의 표준을 만들어 가고
있었지만 우리나라는 논의가 진척되지 않았어요. 아마존 원
클릭, 애플 앱스토어 같은 간단하면서도 안전한 방식을 어떻
게 만들지 고민했어요. 간편하면 간편한 대로 불안하다고 봤
던 게 그 당시였거든요. 결제 과정이 복잡한 안전결제(ISP),
안심클릭을 거치지 않으면 결제가 불가능했던 상황에서 텀
블벅의 목표는 단 세 번 클릭으로 결제가 되도록 하자였습
니다. 하지만 결제대행사들은 낯선 일을 하는 신생업체와 이
런 솔루션을 논의해 주지 않았죠.

해법은 네이버 뮤직의 음원 정기결제에서 찾았다.

어느 날 네이버 뮤직 정기결제 문자를 받았어요. 정기결제가
됐다면 내 결제 정보가 어딘가에 저장이 되어 있고 정기적으
로 그 정보가 사용된다는 건데, 이 방식을 비틀면 손쉬운 크
라우드 펀딩 결제가 가능할 것 같다고 막연히 생각했어요.

크라우드 펀딩은 후원자들이 결제한 금액이 '펀딩 성사' 기준까지 모이면, 이 돈이 창작자에게 전해지고 아니면 다시 환불된다. 정기결제 방식을 응용해서 '비정기적이면서 특정한 조건이 충족되면 결제가 이뤄지게 하는 방법'을 찾고자 했다.

네이버 뮤직의 정기결제 솔루션을 다루는 업체를 찾아내서 물었더니 가능한 방식이라는 답을 들었어요. 하지만 텀블벅을 안 받아줬습니다 '듣보잡(듣도 보도 못한 잡것)'이라면서.

비슷한 솔루션 제공하는 결제대행사를 모두 늘어놓고 연락을 하다가 비교적 인지도가 낮은 한 업체의 승낙을 받았다. 노력의 결과로 파트너를 찾았지만 운도 따랐다.

알고 봤더니 그쪽이 우리 사업 모델을 잘 이해하지 못해서 해 준 것이었어요. 이런 사업인 줄 알았으면 리스크가 너무 크니까 안 했을 거라고 나중에 고백하더라고요.

사용자는 뭔지 몰라도 간편하고 안전하게 쓸 수 있는 결제 방식은 '서로의 일을 모르는 사람들'이 만들어 냈다.

웹툰에서 애니메이션으로, 게임으로
작가들이 달아 준 날개

텀블벅이 양적으로 큰 성장을 이뤘던 계기는 2012~2013년께 웹툰 작가들이 유입되면서였다. 당시에 웹툰 작가들의 처우 문제가 불거졌었다. 한국에서 태어난 새로운 만화 장르인 웹툰은 포털사이트인 다음과 네이버에서 시작됐다. 지금은 유료화가 자리 잡으며 수익 모델이 구축됐지만, 처음에는 웹툰이 포털사이트에 사람들을 유입시키기 위한 역할을 맡은 터라 대부분 무료로 제공됐다. 작가들이 만화를 만들면서 들인 노력을 제대로 보상받지 못하다 보니 수익 분배 문제가 갈등으로 번졌다. 최근에는 작가들과의 정산, 소통 문제로 갈등이 불거졌지만, '작가 복지'를 내세우는 유료 웹툰 플랫폼 **레진코믹스**도 그즈음 등장했다. 각자 자신의 작품을 바탕으로 수익 모델을 만드는 방법을 적극적으로 모색하던 웹툰 작가들은 레진코믹스가 등장하기 전 텀블벅으로 먼저 유입됐다.

텀블벅에 온 웹툰 작가들은 매 회차 제작비를 펀딩받았습니다. 1화가 끝나면 2화 펀딩, 2화가 끝나면 3화 펀딩 프로젝트가 올라가는 식이었죠. 그렇게 제작비를 확보해서 작품 연재를 마치면 단행본을 출간하는 프로젝트도 진행됐습니다. 팬덤이 있는 웹툰 작가들이 이런 식으로 텀블벅을 통해 연재를 이어 가고 책을 만들었죠. 작가들 사이에서 '텀블벅에 가면 재고 없이 책을 만들 수 있다'고 알려지면서 잘됐습니다.

인접 영역인 애니메이션, 일러스트, 게임에서도 가능성을 보고 펀딩을 시작했습니다.

웹툰 작가들이 텀블벅에 저절로 온 것은 아니었다.

직접 찾아가서 설득하고 모셔온 분들이 많았어요. 작가들의 니즈를 포착하고 찾아가서 만나고, 먼저 메시지를 보내면서 적극적으로 발굴했습니다.

웹툰 작가들이 유입되면서 트래픽과 거래액은 전보다 3배로 뛰었다. 일시적이 아니라 규모가 달라진 것이었다. 트래픽이 늘어나니 다른 영역의 제작자들도 속속 펀딩을 개설하면서 텀블벅은 더 커졌다.

이재웅 대표에게 받은 첫 투자
네이버는 인수 제안까지

텀블벅의 첫 투자는 이재웅 전 **쏘카** 대표 쪽에서 먼저 연락하면서 이뤄졌다. 이 전 대표가 세운 벤처투자사 **소풍**에서 2013년 1월 첫 시드(Seed: 종잣돈) 투자를 받았다.

우리 서비스가 좋다면서 감사하게도 먼저 연락이 와서 투자를 받았어요. 1년 뒤 또 다른 투자사인 **스트롱벤처스**에서도 먼저 연락이 와서 또 한 번 투자를 받았죠. 그러다 보니 처음에는 서비스를 만들면 투자자가 찾아오는 게 당연한 줄 알았어요. 그 정도로 사업에 대해 몰랐죠.

'시드 투자'의 다음 단계인 '시리즈 A' 투자자로 참여한 네이버는 원래 인수를 제안했었다.

네이버는 창작자와 소상공인을 중요한 파트너로 생각하고 정책적으로 지원을 많이 해요. 텀블벅과 비슷한 면이 있다 보니 교류도 많았고 2014년에 인수 제안도 왔었죠. 그땐 팔 생각보다는 직접 키우고 싶은 꿈이 더 커서 투자를 다시 제안했어요.

네이버 인수를 거절했던 그때, 염 대표가 가졌던 꿈은 텀블벅을 '창작자를 위한 아마존 웹서비스(AWS)'로 만드는 것이었다.

아마존의 AWS는 클라우드 서버, 인공지능 분석 도구 등, 바닥에서부터 뭔가를 만드는 사람들이 필요한 도구를 제공하잖아요. 저희도 창작자에게 필요한 도구를 만드는 플랫폼이 되고 싶었어요. CRM(고객관계관리), 마케팅, 펀딩, 자기 고객과 팬덤을 모으고, 스스로의 브랜드를 키울 수 있는 총체적

인프라, 그걸 만들고 싶다는 비전이 있었죠. 텀블벅을 하면서 나중에 정립한 비전이에요. 이런 내용으로 사람들을 설득하고 투자도 받았던 그때가 참 재미있게 일했던 때 같아요.

혐오 세력의 백래시
하지만 우리는 우리의 길을 간다

텀블벅이 보다 널리 주목받게 된 계기는 젠더 문제를 포함한 각종 소수자 이슈가 사회 전반에서 전면적으로 논의되기 시작하면서다. 텀블벅에는 여성, 성소수자, 동물, 환경 등의 이슈와 관련된 펀딩이나 독립 출판물 프로젝트들이 많이 올라왔다. 일회용 생리대를 대신해서 반영구적으로 사용할 수 있는 '생리컵 제작 프로젝트', '여성 혐오에 대한 혐오'를 표방하는 인터넷 커뮤니티 메갈리아의 페이스북 페이지가 2015년 두 차례 삭제된 것에 반발해 운영진이 페이스북과의 소송에 나서면서 올렸던 소송비 모금, 영구적으로 사용이 가능한 휴대용 스테인리스 빨대 세트 제작과 같은 프로젝트가 올라왔다. 이 프로젝트들은 애초 목표했던 금액의 10배에서 20배를 훌쩍 넘어 초과 달성했고 사회적으로 주목받았다.

논쟁적인 이슈를 재밌고 신선하게 다루는 프로젝트들이 텀블벅에 줄을 이으면서 텀블벅은 응원도 많이 받았지만 그만큼 혐오 세력의 백래시도 심했다. 업무를 마비시킬 정도로 공격이 들어오다 보니 내부에서도 이런 상황을 어떻게 다뤄야 할지 논의했다. 결론은 '옳은 일을 하는 것은 옳다'였다.

장기적으로 봤을 때 옳은 일을 해야 한다는 입장이고, 이것은 옛날이나 지금이나 저나 동료들이나 모두 마찬가지예요. 돈 잘 벌고 임팩트 있는 사업이라도 갑갑한 사상이면 싫죠. 그런 점에서 나이키가 참 멋집니다. 소수자를 옹호하고 지지한다는 가치를 보여 주면서 사람들 생각을 바꾸잖아요. 존경스러워요. 하지만 텀블벅처럼 작은 회사가 하기엔 챌린지가 많은 게 사실이죠.

동성애나 퀴어 소재 프로젝트가 올라오면 일부 이용자들이 댓글이나 전화로 심하게 거부감을 표현한다고 한다. 또 남성 창작자들은 그렇지 않은데, 여성 크리에이터들은 성공적으로 프로젝트를 마치면 흠을 잡으려는 여성 혐오적인 공격도 추가로 받게 된다고 한다.

이런 공격을 받으며 내부 담당자들이 고생이 많았습니다. 하지만 (백래시에) 지지 않으려고 했고 입장을 바꾸려고 하지 않았어요. 오히려 더 멋지게 적극적으로 프로젝트에 힘을 실어 주지 못해서 아쉬움이 남습니다.

애초에 텀블벅을 사업으로 생각하지 않았기에 염 대표는 '실전 경영'에 대해선 아는 게 없었다. 다른 스타트업들처럼 서툰 경영 때문에 어려움도 겪었다. 하지만 '경영을 몰라도 창업할 수 있고 처음일수록 더욱 그렇다'고 말했다.

경영을 잘 알고 창업한다면 분명 장점이 크지만 처음에는 그게 본질이 아닌 것 같아요. 무(無)에서 유(有)를 만들 때는 제품이 먹히냐 시장이 받아들이냐, 존속 가능한 이익이 만들어지냐가 더 생존에 중요하고 경영은 그다음 문제이죠. 또 텀블벅은 성숙기 산업이 아니라 예전엔 없던 영역에서 시작한 것이라 가능했던 것 같아요.

하지만 일정 수준 이상이 되면 실전 경영이 절실해지고, 텀블벅에겐 지금이 바로 그 '일정 수준 이상'의 시기라고 했다.

새로운 스테이지에 텀블벅에 합류한 사람들은 회사에 대한 기대치가 달라요. '안 되더라도 해 보자'는 초기의 성장 마인드가 아니었어요.

사업적으로 유의미한 성장을 하기 위해 각종 '숫자'에도 신경을 써야 한다는 점도 시간이 흐르면서 깨우치게 되었다.

매출이나 영업이익이 강한 회사가 되려면 필요한 성장 목표를 만드는 데서 다양한 허들을 만나죠. 먹히는 제품을 적시에 만들기 위한 자본과 인재가 필요하고, 이것이 시스템으로 돌아가는 체계를 만들어야 하는데 그 과정이 어렵습니다.

밀려드는 주문이 감당되지 않을 때도 있다.

이럴 때 해결 방식은 밤새우고 하는 것 말곤 없는 것 같아요. 자본력이 되면 사람을 더 쓰겠지만, 역량이 안 되면 밤새는 것밖엔 답이 없죠. 자본이 확충되면 하나씩 체계를 만들고요.

스타트업은 구성원들의 '자발성'으로 성장하는 것도 사실이기에, 염 대표는 조직 내에서의 소통이 중요하다고 생각했다. 누구든 수평적으로 말할 수 있도록 구성원들끼리 반말을 쓰는 문화를 만들었다.

경영자로서 단점이지만 저는 부탁을 잘 못해요. 그래서 먼저 나서서 일해 주는 사람을 지지합니다. 그런 사람들을 존중하고 그들이 편하게 일하는 구조를 고민하다 '평어 문화'를 만들었어요. 텀블벅은 저보다 더 헌신한 동료들 덕분에 성장했는데 그들이 저에게 편하게 반박하고 말할 장치가 필요했습니다. 아무리 스타트업이고 나이가 젊어도 대표에겐 무게를 느낄 수밖에 없으니까요. '존중은 하되 할 말은 쉽고 솔직하고 빠르게 하자.' 또 한국에서 아랫사람이 존댓말 쓰는 건 당연하고 윗사람이 쓰면 시혜인데, 둘 다 반말을 쓰면 뿌리 깊은 유교 문화적 문제를 파괴할 수 있지 않을까도 생각했죠.

평어 문화를 만들면서 의도한 효과도 봤지만, 2018년부턴 없앴다.

결국 솔직한 대화라는 것은 더 깊은 관계에서 나올 수 있는 것이다라고요. 반말이냐 존댓말이냐가 본질이 아니라는 걸 깨달았어요. 새 멤버들도 많이 들어올 때였는데, 다른 조직 문화 경험을 가진 사람에게는 낯설 수도 있어서 없앴습니다.

기존 금융의 대안과 품질 논란 사이에서
성장통을 겪는 크라우드 펀딩

다른 혁신 산업도 마찬가지이지만, 크라우드 펀딩 또한 자금을 모으고 물건을 생산해서 유통하는 과정이 기존 규제의 틀 속에 모두 포섭되지는 않는다. 사람들이 생활 속에서 쓰는 물건을 만들어서 팔기도 하는데, 규제의 틀 밖에서 생산과 유통이 이뤄지다 보니 부적절한 제품이 판매되는 문제점도 나타나고 있다. 혁신 제품이라고 홍보했지만 알고 봤더니 해외 플랫폼에서 더 저렴하게 팔리고 있던 기성품이었다거나, 물건을 사용하는 과정에서 신체에 상처가 나는 일이 생겨서 소비자 불만이 거세게 일어나는 일도 있었다.

텀블벅이 문제의 중심에 섰던 것은 아니지만, 한국에서 초창기 크라우드 펀딩을 이끌어 온 사람으로서 이런 상황을 지켜보며 염 대표도 고민이 많았다. 이에 대한 염 대표의 답은 '본질에 충실해야 한다'였다.

후원자들의 도움이 없으면 세상에 나올 수 없는 새로운 구상이나 기획을 도와준다. 이것이 텀블벅의 본질이라고 생각합니다. 창의적인 비전을 실현할 기회를 주자는 것, 여기에 충실해야죠. 크라우드 펀딩은 조건이 모이면 결제가 되고 물건을 살 수 있다는 점에서 소셜 커머스와 비슷한 면이 있습니다. 특히 후원형 크라우드 펀딩은 큰돈을 벌 수 있는 사업이 아니다 보니, 사업적인 성과를 만들기 위해서 쇼핑몰처럼 공동구매를 하게 만드는 유혹에 빠지기 쉽습니다. 그런데 이렇게 되면 제일 피해를 보는 쪽은 소비자들입니다. 오늘 결제하면 내일 아침에 물건을 바로 받아 볼 수 있는 새벽배송 시대에, 몇 개월 뒤에야 받을 수 있는 결과물의 품질이 형편없다면 그건 정말 끔찍한 일이죠.

그렇다고 규제를 강화하는 방식은 해법이 아니라고도 덧붙였다.

펀딩을 판매자와 구매자의 상거래로 보면 이 거래는 성립되기 어렵습니다. 이 거래는 아직 세상에 나오지 않은, 리스크가 있는 시도에 돈을 몰아주는 것이기 때문이죠. 본질에 맞게 플랫폼을 운영하는 것이 중요한 것 같습니다.

2020년 6월 인수 절차가 마무리되면서 이제는 모회사가 된 온라인 핸드메이드 마켓 아이디어스와는 5년 전 처음 인연을 맺었다.

딤블벅이 홍대에 있던 2015년에 아이디어스에 방문했어요. 이웃에 새로운 스타트업이 생겼다고 해서 인사를 나누러 갔습니다. 그때는 아이디어스에서 '인수하러 온 거 아니냐'며 경계하는 눈초리도 있었는데, 5년이 지나니 반대가 됐네요.

염 대표는 아이디어스와 텀블벅은 정체성과 방향성에서 비슷한 부분이 많다며 '텀블벅에서 새로운 시도를 해 보고 사업성과 지속성을 검증받으면 아이디어스에서 지속적으로 판매하며 성장할 수 있는 창작자 생태계를 함께 만들 수 있을 것으로 본다'고 말했다. 이어 '텀블벅도 지금보다 매끄럽게 이용할 수 있도록 사용자 경험을 향상시킬 방법들을 더 만들고 있다'고 덧붙였다.

다시 영화를 만들고 싶냐는 질문에는 지금으로선 생각이 없다고 잘라 말했다.

제가 사랑했던 영화는 전문적인 영역이기에 많은 시간 투자가 필요해요. 10년 동안 IT, 프로덕트 일을 했으니 이제는 영화와는 거리가 많이 멀어졌죠. 멀리서 응원만 하려고 합니다.

하지만 사업가로서 살면서도 영화를 만드는 마음은 잊지 않겠다고 했다.

발뮤다 창업자도 원래는 음악을 하고 싶었지만 음악으로는 충족되지 않는 부분을 발뮤다 비즈니스로 채웠습니다. 사업을 하면서 돈을 버는 것도 중요하지만, 사람들이 좋아하고 사랑하고 놀랄 만한 일을 만든다는 점에서는 영화와 사업이 비슷하죠. 텀블벅 안에서도 밖에서도, 사람들이 불편해하는 지점을 영리한 방식으로 해결하면서 마음을 움직이는 사람이 되고 싶습니다.

인터뷰 이후

2020년 6월, 아이디어스 운영사 백패커에 인수된 텀블벅은 2021년 12월 창업자 염재승 대표 체제에서 모회사인 백패커 김동환 대표 체제로 전환되었다. 김동환 대표가 백패커와 텀블벅 두 회사의 대표를 겸임하게 되면서 염재승 창업자는 대표직을 사임하며 텀블벅을 퇴사했다.

지속가능한 다이어트
다노

— 이지수

국내 다이어트 시장 규모는 10조 원을 넘어선다. 이지수는 대표는 폭발적으로 성장하고 있는 다이어트 시장에서 자신을 경험을 바탕으로 다이어트 전문 스타트업을 설립했고, 대한민국 다이어트의 패러다임을 바꾸고 있다.

갱년기도 함께하는
동반자가 될래요

서울 마포구의 다노 스튜디오에서 만난 '다노언니' 이지수 (1990년생) **다노** 대표는 출산을 두 달 앞두고 있었다. 그는 출산을 준비하면서 임신 전보다 근력 운동을 더 많이 하고 있다고 했다. 칼로리 섭취는 300㎉만 늘렸다. 가벼운 간식을 한 번 더 먹는 정도다.

저도 처음엔 몰랐어요. 임신에 대한 세간의 통념처럼, 운동을 줄이고 몸을 조심해야 하는 줄로만 알았죠. '임산부 때만큼 아무 생각 없이 먹고 싶은 음식을 다 먹을 수 있는 때가 없다'는 말도 있잖아요. 그런데 산모와 아기가 둘 다 건강하려면 영양 구성을 철저히 지킨 식사를 해야 하고, 출산 후 많은 여성들이 호소하는 팔목 통증을 줄이려면 근력 운동도 해야 합니다.

다이어트에 대한 잘못된 정보가 많듯, 임신에 대해서도 바로 잡아야 할 내용이 많다는 걸 임신을 하고 알게 되었습니다.

'안 해 본 다이어트가 없다'는 이 대표가 자신의 경험을 토대로 지난 2013년 7월 시작한 다노는 다이어트 식품 판매, 온라인 유료 코칭 서비스를 제공하는 토탈 다이어트 솔루션 기업이다. '무작정 굶지 말고, 남들의 시선도 신경 쓰지 말고, 나 자신을 위해 건강하고 지속가능한 다이어트를 하자'라는 이 대표의 메시지에 수많은 여성들이 공감했고, 이런 내용을 담아 지난 2017년 출간한 책 《습관 성형》은 주요 서점에서 건강 분야 베스트셀러에 올랐다. 결혼과 임신 그리고 출산이라는 삶의 전환점을 다노와 함께한 이 대표는 '다이어트뿐만 아니라 전 생애 주기에 걸친 건강 관리 서비스로 다노를 확장하고 싶다'는 또 다른 꿈을 밝혔다. 인생의 새로운 단계가 펼쳐지면서 겪은 경험을 새 사업으로 만들고 싶다는 사업가 이지수의 새로운 목표였다.

해외 취업 5개년 계획을 버리고
직접 회사를 차렸습니다

연세대에서 실내건축학과 경영학을 전공한 이 대표는 원래 마음에 콕 찍어 둔 가고 싶은 회사가 있었다. 디자인 개념을 외관 장식에서 문제 해결로 전환한, 세계에서 가장 창의적인 회사로 꼽히는 미국의 디자인 컨설팅사 **아이디오**(IDEO)였다. 이 회사에 가기 위해 '취준 5개년 계획'도 세웠다.

대학교 1학년 때, 수업 시간에 본 비디오 때문이었어요. 아이디오 직원들이 쇼핑카트의 불편한 점을 개선하는 과정을 담은 영상이었는데 다양한 학문적 배경을 가진 사람들이 모여서 고객의 행동을 관찰하고, 자유롭게 아이디어를 내서 문제를 풀어 가는 과정이 재미있어 보였거든요. '다양성을 갖춘 오픈마인드 회사'에서 일하고 싶다고 생각했습니다. 하지만 제가 배운 것들로는 갈 수 없는 회사였어요. 적어도 대학원은 나와야 했고, 학비도 너무 비쌌죠. 휴학 없이 '칼 졸업'을 해서 일단 연봉이 높은 국내 대기업에 취직하고, 3년 동안 바짝 학비를 벌어서 스탠포드대학교에서 공부한 뒤 입사하자는 5개년 계획을 세웠습니다.

하지만 4학년 2학기였던 2011년 가을, 전략경영 수업에서 만난 선배이자 동업자이자 지금은 남편이 된 정범윤 다노 공동대표가 했던 말 한마디는 이 대표의 모든 계획을 뒤흔들었다.

밤새워 조모임을 하던 중에 꿈 얘기가 나왔어요. 제가 '아이디오 취업 5개년 계획'을 장황하게 말하니 정 대표가 딱 한마디 던졌습니다. '5년 걸려서 아이디오에 가지 말고, 아이디오 같은 회사를 만드는 건 어때?'라고요.

그전까지 창업은 열정 넘치는 선배들이나 하는 것이라며 다른 세상으로만 여겨 왔던 이 대표에게 이 질문은 사고의 전환점이 됐다. 그때 이 대표의 나이는 22살이었다.

저는 빠른 생일이라 친구들보다 나이도 어렸고, 2008년에 대학에 입학한 뒤도 유학 한 번 안 하고 내리 8학기를 다녔어요. '내가 늦은 건 아니니 망할 때 망하더라도, 3년 정도는 한 번쯤 딴짓을 해도 괜찮지 않을까'라고 가볍게 생각하며 취업에서 창업으로 방향을 틀었어요.

첫 아이템으로 콘텐츠 추천 서비스 **인투잇**을 2012년 내놨지만 몇 달 만에 접었다. 이용자들이 자신이 좋아하는 영화나 음악, 책이 무엇인지 올리면 비슷한 관심사를 가진 다른 사람과 연결되어서 그의 콘텐츠를 추천받는 서비스였지만, 수익화하는 데 실패했다. 그 후 무엇으로 다시 창업을 해야 할지 새 아이템을 고민하던 중에 팀원들에게 자신이 가진 다이어트 경험을 살려 보자고 아이디어를 냈다.

남성인 나머지 공동창업자들은 '다이어트로 과연 사업이 될까?' 하며 반신반의했다. 하지만 이 대표는 자신의 경험을 떠올리며 다이어트에 대해 잘못 알려진 내용이 많기 때문에 할 수 있는 일은 너무나 많고, 다이어트는 나만의 고민이 아니니 해 볼 만한 일이라고 생각했다.

미국에서 찐 20kg 건강하게 빼는 방법 공유하니
일주일만에 3만 명 '좋아요'

키 170㎝, 몸무게 57kg. 이 대표는 20살 때까지는 다이어트를 모르고 살았다. 건강을 지키며 살을 빼는 방법은 더더욱 몰랐다. 하지만 2010년 여름, 미국에서 1년간의 교환학생 생활을 마치고 귀국하면서 다이어트는 그에게 숙제가 됐다. 고등학생 때부터 대학교 국제처 홈페이지를 들락거리며 꿈꿨던 교환학생 파견 시기에 그는 부모님도 몰라볼 정도로 체중이 늘었다. 원인은 언어의 장벽에서 오는 극심한 스트레스였다.

한국에서 열심히 영어 공부를 하고 갔지만 대학 수업을 영어로 따라가는 건 어려웠어요. 미국에서 보낸 첫 학기에 성적이 크게 떨어졌습니다.

그 스트레스를 음식으로 풀었다.

원래도 달고 짠 자극적인 음식을 좋아했는데, 미국은 그런 자극적인 음식들이 훨씬 더 큰 사이즈로 나오는 곳이었죠. 타국에서 혼자 생활하니 새벽에 아이스크림 한 통을 다 비우고, 아침에 일어나자마자 브라우니 한 판을 다 먹어도 브레이크를 걸어 줄 사람이 없었어요.

다노   이지수   205

미국 생활 3개월 만에 가져간 모든 옷이 안 맞았고 1년 만에 20kg이 넘게 쪄서 한국으로 돌아왔다. 두통, 호흡기 질환 등 전에 없던 증상도 나타났고, 건강이 크게 악화됐다.

귀국 직후 공항에서 만난 엄마는 '왜 이렇게 책임감 없이 자기 관리를 못했냐'면서 만나자마자 '등짝 스매싱'을 날렸다. 만나는 사람마다 내뱉는 '실쩼나'는 밀노 큰 스트레스었나. 그때부터 살을 빼고자 극단적으로 먹는 양을 줄이며 강박적인 다이어트를 했다.

49kg까지 몸무게를 줄였지만 안 먹고 살을 빼니 건강이 너무 나빠졌어요. 3개월 동안 생리가 끊겼고, 거울 속 제 모습은 제가 봐도 혈색이 나빴죠. 잘 챙겨 먹어야 회복을 할 텐데 음식을 보면 미국에 있을 때 모습처럼 또 살이 찔 것 같아서 불안해졌고, 음식이 악당처럼 느껴졌어요. 그러다 못 참으면 폭식을 했죠.

악순환의 고리를 끊고 싶었다. 체중계 숫자 0.1kg에 일희일비하지 않으면서 내 몸을 사랑하는 건강한 다이어트는 무엇일까. 답을 찾기 위해 책과 논문을 뒤졌다.

왜 살이 찌는지, 어떻게 해야 살이 빠지는지, 그러면서 건강은 어떻게 유지하는지 공부했습니다. 극단적으로 먹는 양을 줄였던 방식을 버리고, 먹고 싶은 음식을 마음껏 먹되

채소를 더하고 양념을 덜어 내는 건강한 방법을 찾기 시작했어요.

식단뿐만 아니라 마음가짐도 바꿨다.

내 몸을 남과 비교하지 않았어요. 남에게 잘 보이고 싶어서가 아니라 내가 하고 싶은 일을 더 잘할 수 있도록 신체의 컨디션을 만드는 데 집중했죠.

결과는 성공이었다. 음식을 기분 좋게 먹었고, 먹어도 크게 살이 찌지 않고 점점 더 건강해졌다.

그전까지의 다이어트는 몸무게는 줄였을지 몰라도 실패한 다이어트였다고 생각해요. 제 몸을 사랑할 줄 몰랐으니까요. 나를 위하는 건강한 다이어트에 성공한 뒤 다이어트에 대해 잘못 알려진 상식이 얼마나 많은지 비로소 알았습니다. 그리고 제가 성공했던, 즐겁게 살을 빼는 방법을 다른 사람들과 나눠야겠다 싶었습니다.

건강한 다이어트를 필요로 하는 사람들이 정말로 많을까? 본격적인 사업으로 만들기 전에 수요 검증이 필요했다. 페이스북 페이지를 만들고 다이어트 관련 콘텐츠를 올려서 반응을 살폈다.

'홈트'(홈 트레이닝)라는 말도 없던 그때, 집에서 할 만한 운동을 소개하는 영상을 올렸어요. '다이어트=저칼로리'라는 단순한 공식을 깨도록 영양성분표 읽는 법과 건강한 다이어트 식단 짜는 법을 공유했죠. 인투잇 때는 '좋아요' 200개를 모으는 데 몇 달이 걸렸지만, 다이어트 콘텐츠는 일주일 만에 3만 명이 몰렸어요. 이 정도라면 수요는 충분하다고 판단해 2013년 7월 본격적으로 시작했습니다.

인투잇 시절부터 함께했던 개발자인 한상혁 다노 최고기술책임자(CTO)도 그즈음 다니던 대기업을 퇴사했다. LG전자 5년 차 과장이었던 한상혁 CTO는 그전까지는 회사를 다니면서 부업처럼 일했는데, 다노가 설립되고 투자가 결정되면서 LG전자를 퇴사하고 본격적으로 합류했다.

연쇄 창업가 노정석에게 '창업 과외'를 받고,
'다노언니 제시' 성공담 나누며 이룬 성장

다노를 처음 시작했을 때, 사업의 방향을 다듬고 자리를 잡는 데 도움을 준 사람은 다노의 '창업 과외선생님'인 노정석 **리얼리티리플렉션** 최고전략책임자(CSO)이다. 블로그 서비스 **티스토리**의 바탕이 된 기술인 테터툴즈를 만들고 **테터앤컴퍼니**를 구글에 매각한 노 대표는 '아시아에서 최초로 구글에 회사를 매각한 인물'로 잘 알려져 있다. 지금도 연쇄 창업자이

창업가 수업

자 엔젤투자자로 활동하고 있다. 노 대표와의 인연은 이 대표의 남편인 정범윤 대표가 적극적으로 움직이면서 다노 쪽에서 만들었다. 노 대표는 2013년 10월 다노의 사업성을 인정하며 초기 투자를 하기도 했다.

연세대 창업수업 특강 연사로 노정석 대표님이 오셨을 때, 정범윤 대표가 노 대표님의 명함을 받았어요. 인투잇을 런칭하고 나선 피드백을 부탁드리면서 만나 달라고도 했죠. 노 대표님의 조언을 바탕으로 인투잇을 정리하고, 다노로 사업 전환을 했습니다. 다노를 시작한 뒤로는 일주일에 한 번씩 경영수업 멘토링을 받았죠. 지금도 조언을 구하러 가면 노 대표님은 일반적인 기관투자자들이 말해 주지 않는 조언을 많이 해 주세요. 경험에 기반해서 사업가가 사업가에게 해 주는 조언을 많이 주십니다.

창업 후 7년 동안 다노는 크게 두 번 성장했다. 첫 번째 점프는 수익 모델을 만들면서였다. 2014년에 출시한 **다노샵**은 다이어트를 하는 사람들을 위해서 다노가 직접 만든 음식을 파는 식품 쇼핑몰이다.

그전까지 다노는 다이어트 관련 정보 공유를 하는 무료 커뮤니티 서비스였어요. 커머스를 붙이면서 초반에는 사실 걱정이 컸습니다. 당시만 해도 사업 모델을 가동하면 '결국 돈 벌려고 했던 것이냐'고 비난하는 분위기가 있었거든요. 그런데 다노샵은 큰 반발이 없었어요. 이용자들의 요구를 바탕으로 시작한 것이라서 그랬던 것 같아요. 이용자들이 '다노가 알려 준 대로 영양성분표를 읽고 음식을 먹으려고 하면 먹을 게 없다'고 했거든요. 가령, 짜지 않고 당이 적은 음식이 어디에 있느냐면서요. 이런 피드백을 받으면서 다노가 원하는 스펙의 음식을 직접 만들게 됐습니다.

또 다른 수익 모델은 2015년부터 시작한 앱 기반 일대일 유료 코칭 서비스 **마이다노**다. 홈 트레이닝과 퍼스널 트레이닝(personal training)을 결합한 다이어트 코칭 서비스로, 업무와 학업으로 바쁜 사람들이 자신의 일정에 맞게 목표한 운동을 할 수 있도록 전문 코치가 돕는 상품이다. 2019년에는 이 대표의 '웨딩 다이어트' 경험을 바탕으로 '웨딩 케어' 프로그램도 내놨다.

수익화를 실현하고 난 뒤 그다음 과제는 다노를 더 많은 사람에게 알리는 것이었다.

여전히 '아는 사람들만 아는 서비스'였던 다노를 확장시켜야 했어요. 어떻게 해야 할지 막막했는데, 제가 직접 나와서 경험을 나누는 방식으로 돌파했습니다. 다이어트 식품이라고는 보조제밖에 없던 때에, 다노의 방식으로 운동을 하고 다노가 알려 주는 음식을 먹으면 건강한 다이어트를 할 수 있다고 사람들을 설득하는 게 필요했거든요. 2016년 5월부터 유튜브 채널을 통해 제가 전면에 나와서 다이어트 경험담을 말하기 시작했습니다. 다행히 이 방법은 통했고, 다노가 대중화되는 계기가 됐어요. 다노의 콘텐츠를 받아보는 유튜브, 인스타그램 구독자 수가 늘었고, 이듬해인 2017년부터는 이런 지표 상승이 매출 성장으로도 이어졌습니다.

몸이 바뀌는 시기마다 도움되는 건강 길잡이로 다노를 키우고 싶어요

이 대표를 만났던 날, 다노 사무실은 분주했다. 한 달 뒤, 서울 마포역 근처로 사무실 이전을 앞두고 있어서 이사를 준비하느라 곳곳에 이사짐 박스가 쌓여 있었다. 직원이 50명이던 2018년 7월, 앞으로 5년은 머무를 수 있겠다며 염리동에 자리를 잡았지만 2년 만에 수용 가능 인원 100명을 거의 채웠다. 예상보다 훨씬 빨리 새 둥지를 찾을 만큼 빠르게 성장하면서 이 대표는 성취감과 함께 성장통도 느끼고 있었다. 그동안 다노를 키우며 만난 과제들은 '이겨 낼 수 있는 정도의 고통'이었지만, 회사가 커진 뒤 마주하는 과제들은 '쉽지 않다'는 생각이 '뼈저리게' 드는 것들이었다.

다노가 아무리 좋은 비전과 철학을 갖고 있다고 해도 회사로서 생존하지 못하면 의미가 없죠. 건강하게 회사를 성장시키는 건전한 재무구조를 만드는 것이 앞으로의 과제입니다.

다양한 배경을 가진 직원들이 늘면서, 다노의 문화를 어떻게 이끌어 가야 할 지도 고민이죠. 또 회사의 규모가 커져도 업무 효율성을 높이는 방법을 찾아야 하고요. 고객이 다양해지면서 고객의 피드백이 상충할 때도 많은데, 이럴 땐 어떤 의견을 듣고 서비스를 어떻게 개선해 나아가야 하는지도 어렵습니다. 진짜 회사다운 회사로 거듭나기 위한 진통 같아요.

계획에 없던 창업을 하고 예상보다 빠른 성장을 경험하면서, 이 대표는 다노를 통해 생각지 못했던 배움을 많이 얻었다고 했다.

계획대로 취업을 했다면 고용된 사람의 관점에서 일과 세상을 대했겠죠. 이것도 분명 의미가 있지만, 대표로서 리더의 역할을 하면서 배우는 점도 많아요. 제일 큰 부분은 '사람'입니다. 누구와 일해야 할지, 좋은 사람을 다노에 오게 하려면 어떤 가치를 줄 수 있어야 하는지, 이런 점들을 고민하고 의사결정을 하는 것은 '터프'하고 어려운 일이에요. 하지만 고민의 크기가 큰 만큼 빠르게 저를 성장시키고 있습니다.

임신을 한 뒤로는 다노를 더 큰 서비스로 키우기 위한 고민도 더해졌다. "Be the best version of you(당신의 가장 좋은 모습이 되라)"라는 다노의 슬로건에서 '베스트 버전'에는 다이어트를 하는 것 말고도 다양한 모습이 들어갈 수 있다는 사실을 깨달았기 때문이다.

나이를 먹으면서 인생의 새로운 단계에 접어들 때마다 건강과 관련된 고민은 끊임없이 생기잖아요. 30대에 접어들면서 20대 같은 체력이 아니란 걸 느끼고 영양제를 챙겨 먹는다거나 시간이 더 지나면 당뇨나 골다공증 같은 증상도 나타날 수 있죠. 갱년기도 찾아올 것이고요. 그런데 누구나 처음 사는 인생이니 모든 일은 다 처음 겪죠. 상황이 닥쳐서 부랴부랴 약을 먹고 음식을 조절하고 운동을 하려면 어려울 텐데, 어떤 일이 있을지 미리 알려 주고 어떻게 준비하면 되는지 챙겨 주는 길라잡이가 하나쯤 있으면 좋겠더라고요. 임신을 경험하면서 이런 방향으로 생각을 확장할 수 있었어요. 나이에 따라, 상황에 따라, 몸이 바뀌는 시기마다 나의 건강을 챙겨 주는 인생의 동반자로 다노를 성장시키고 싶습니다.

우리가 시간이 없지,
세상이 안 궁금하냐

뉴닉

—— 김소연

첫 독자 200명으로 시작한 뉴닉은 현재 40만 명에게 매일 아침 뉴스레터 서비스를 제공하고 있다. 기존 미디어가 붙잡지 못한 MZ세대가 뉴닉에 환호하는 이유는 무엇일까.

외면받던 뉴스레터를
다시 핫하게

아침부터 밤까지, 각양각색의 뉴스레터가 메일함에 쏟아진다. 인터넷이 처음 보급됐던 2000년대 초반, 한차례 인기를 끌었다가 스팸 메일의 범람으로 외면받았던 뉴스레터가 최근 다시 인기다. 신문, 방송사가 만드는 시사 이슈 뉴스레터, 스타트업이나 여러 브랜드가 만드는 트렌드 리포트, 유명한 개인 칼럼니스트가 발행하는 레터까지 그 종류가 매우 다양하다. 지금 한국의 뉴스레터 열풍은 1994년생 김소연 대표가 2018년 창업한 **뉴닉**이 그 시작이었다.

뉴닉은 "우리가 시간이 없지 세상이 안 궁금하냐"라는 슬로건을 내걸고 2018년 12월에 출발했다. 정식 서비스를 시작한 지 3년이 조금 더 지난 2022년 3월 기준 42만여 명의 구독자를 모았다. 뉴스 소비자들이 뉴스를 다시 보게 하려면 어떻게 해야 할까. 이 고민을 수년째 하고 있는 기존 신문, 방송사 들도 뉴닉의 성과에 관심을 보이고 때론 배우기도 한다. 서울 마포구 사무실에서 김 대표와 만나 '먼저 가 본' 뉴스 콘텐츠 서비스의 길에 대해 이야기를 나눴다. 뉴닉은 밀레니얼 세대에게 사랑받는 시사 뉴스레터에서 한발 더 나아가려는 준비에 한창이었다.

미국 친구들과 대화하려면 뉴스 이해가 필수
뉴스레터가 한줄기 빛

김 대표가 뉴스레터를 처음 접하게 된 계기는 2017년 미국 워싱턴 D.C. 로버트케네디 인권센터에서 인턴 생활을 하면서였다. 사무실 동료들은 틈만 나면 시사 이슈를 두고 이야기했다. 대화에 끼려면 미국 뉴스의 흐름을 파악하고 있어야 했지만 쉽지 않았다. 미국 뉴스를 쉽게 볼 방법을 찾던 김 대표에게 그의 상사는 뉴스레터 **더스킴**을 추천했다.

더스킴을 본 뒤로 점심시간 대화에 참여할 수 있게 됐어요. 읽자마자 완전 반했죠. 아주 짧은 시간을 들여 이슈의 전반을 빠르게 파악하기 좋더라고요.

당시 미국에서는 더스킴 말고도 뉴스를 쉽게 보는 데 도움을 주는 뉴스레터 서비스가 여럿 떠오르고 있었다. 이런 모습을 보면서 김 대표는 한국에서는 어떻게 뉴스를 봤는지 돌아봤다.

뉴스를 봐야 하는 마음은 굴뚝 같지만 일상이 바쁘다 보니 마음먹은 만큼 기사를 읽는 게 어려웠죠. 이런 필요를 긁어 주는 데 이메일 뉴스레터가 효과적일 수 있다는 걸 더스킴으로 경험했어요. 우리나라에서도 비슷한 시도를 해 보고 싶었습니다. 마침 주변 친구들도 하나둘 일을 시작할 때였는데, 사회생활에선 이메일 기반의 서면 커뮤니케이션이 기본이니 저와 비슷한 수요층을 대상으로 이메일이라는 도구도 적합할 것 같더라고요.

2018년 초, 귀국한 김 대표는 한국판 더스킴을 시도했다. 처음엔 창업까지 생각하지는 않았고, 주변 친구들 열댓 명에게 더스킴 뉴스레터를 번역해서 보내 주는 실험을 했다. 가볍게 시작했지만 뉴스레터가 좋은 반응을 얻을 것이라 확신할 수 있었다고 김 대표는 힘주어 말했다.

미국에서 더스킴 뉴스레터를 너무나 좋아했던 제 모습을 보고 우리나라에서도 충분히 성공할 수 있다고 생각했어요. 예상대로 '정말 필요한 서비스다', '계속 보내 달라'며 반응이 좋았어요. 규모가 점점 커졌고 미디어 액셀러레이터 메디아티(현 소풍)에서 시드 투자를 받으며 본격적인 창업으로 이어졌어요.

2018년 4월, 뉴닉에 4,000만 원을 투자한 메디아티는 **닷페이스** 등

뉴미디어 스타트업에 주로 투자해 온 초기 투자사다.

쓰는 사람보다는 읽는 사람을
생각하며 만듭니다

뉴닉은 6개월간의 시범 서비스를 거쳐 2018년 12월 정식 런칭했다. 뉴닉을 받아보려면 이메일 주소와 닉네임을 구독신청 창에 입력하기만 하면 된다. 일주일에 세 번(월·수·금요일 아침) 발송하던 뉴스레터는 2021년 8월 9일부터 주 5일(월·화·수·목·금요일 아침)로 늘렸다. 2022년 3월 기준 588번 뉴스레터를 보냈다.

　　뉴닉의 방향성은 명확하다. '세상이 궁금하지만, 세상과 멀어지고 있는 사람들'이 타깃 독자다. 어느 정도로 이슈를 풀어야 할까, 무엇을 다뤄야 할까, 뉴스레터를 만들면서 마주하는 수많은 고민의 판단 기준이다.

콘텐츠를 만들다 보면 '어디에 맞춰야 할까' 고민되는 순간이 오죠. 입장이 첨예하기 나뉘는 이슈를 다룰 때는 균형을 최대한 유지하더라도 '누구 편이냐'는 공격을 양쪽에서 다 받곤 해요. 그런 순간에 이 기준을 계속 되새깁니다. 너무 많이 아는 사람, 한쪽 입장을 이미 가진 사람들은 뉴닉의 타깃이 아닙니다. 입장을 갖는 건 당연히 나쁘지 않지만, 뉴닉은 신념이 있는 사람들을 상대로 만들지 않아요. 이 이야기를 처음

듣는 사람을 먼저 생각하죠. 이런 기준이 명확해야 글이 담아야 하는 내용과 깊이를 일관되게 가져갈 수 있거든요.

'이슈선정 기준표'도 있다. 뉴닉에게 독자들이 기대하는 것, 독자의 피드백을 충족하기 위한 방향 등을 정리한 표다. 충분히 어렵고 복잡한 이슈인가, 뉴닉의 독자층과 관련성이 있는 이슈인가 등이 주요 기준이다.

엔터테인먼트 이슈를 소개한 적이 있는데 '우리가 뉴닉에 기대하는 건 이런 게 아니다'라는 피드백을 받았어요. 기사 한두 개만 읽으면 파악할 수 있는 이슈가 아니라 어렵고 복잡해서 장벽이 느껴지는 이슈를 풀어 주길 바란다더군요. '얼마나 복잡한가' 기준이 생긴 배경입니다. 세입자, 사회초년생 등 뉴닉 독자들의 삶 속에서 얼마나 많이 들리는 이슈인지, 직접 영향을 받는 사안인지도 고려하죠. 이런 기준들에 대해 점수를 매겨 보고, 뉴닉 에디터들의 의견이 나뉘는 사안은 토론을 해서 결론을 냅니다. 토론해서 결정한 내용은 다음에 참고할 수 있도록 차곡차곡 쌓아 두죠.

명확한 기준은 내부 구성원들이 지난한 토론을 이겨 내는 데도 도움이 된다고 김 대표는 말했다.

뉴닉 팀원들은 '세상과 사람을 연결한다는 미션을 달성할 수 있는 콘텐츠 플랫폼을 만든다'는 명제에 모두가 동의합니다. 그러니 문제가 생기거나 결정해야 할 일이 있을 때, 온 힘을 다해서 토론하고 부딪힐 수 있습니다. 우리가 같은 방향으로 가고 있다는 것을 모두가 알고 있으니까요. 명확한 비전을 향해 움직이다 보니 직원들도 자기 일처럼 열심히 일합니다. 일과 쉼이 분리가 안 될 정도로.

뉴닉과 신문·방송 뉴스는 분명히 다르다

뉴닉의 인기가 더 높아지면 기존 신문과 방송사의 뉴스를 뉴닉이 대체하게 될까? 김 대표는 뉴닉과 기존 뉴스는 역할이 다르다고 말했다.

경제 뉴스레터를 보다가 경제신문 구독으로 이어졌다는 이야기를 들은 적이 있어요. 뉴닉 독자들의 피드백 중에도 '뉴닉 덕분에 종이신문을 구독하기 시작했다'는 이야기가 꽤 있죠. 뉴닉은 마중물의 역할을 하는 것 같아요. 그동안 뉴스에 다가오지 못했던 사람들이 뉴스에 다가가게 하는 것이 뉴닉의 역할이고, 더 깊은 이야기가 궁금하면 신문이나 시사 잡지로 나아가는 것 같아요. 참고서에도 여러 단계가 있듯, 뉴닉과 신문, 방송 뉴스는 단계가 다르다고 생각합니다.

창업가 수업

김 대표가 전통적인 신문, 방송사가 생산한 기사를 보면서 아쉬웠던 점은 '좀 더 친절하게 풀어서 설명해 줬다면 어땠을까'였다.

뉴스 속보는 하루 종일 쏟아지지만 대부분의 독자들은 그 많은 속보를 다 따라가지 못해요. 하루 종일 집에서 텔레비전 뉴스만 보면서 이슈를 따라갈 수 있는 사람은 거의 없으니까요. 하지만 기사를 쓰는 기자들은 이런 독자의 상황을 고려하기 어려운 듯해요. 새롭게 발생하는 상황에 맞춰서 계속 새로운 기사를 쓰죠. 그러다 보니 뉴스를 덜 열성적으로 보는 사람들은 뉴스 기사를 보면서 '맥락이 부족하다'고 느낄 것 같아요. 신문 지면에 실리는 기사가 그대로 디지털 기사가 되는 경우도 많은데 '신문에 어울리는 기사와 디지털 공간에서 보는 기사가 다를 수는 없을까' 하는 생각도 하곤 하죠.

경쟁 치열해진 뉴스레터 시장
뉴닉 앱 출시해 독자와 수익을 확대

뉴스레터 서비스를 3년 동안 운영하면서 고민거리도 여럿 생겼다. 뉴닉은 최근 뉴스레터 시장의 경쟁이 증가하면서 구독자들의 '메일함 피로도'가 높아졌다고 보고 있다. 관심 있는 주제의 뉴스레터를 발견하면 의욕적으로 구독신청을 하지만 그렇게 뉴스레터가 하나둘 쌓이다 보면 뉴스를 못 봐서 느끼는 부채감을 뉴스레터에서도 똑같이 느끼게 될 수 있다는 것이다. 이 피로감 때문에 구독자들이 뉴스레터로부터 멀어지는 일을 어떻게 막을지 뉴닉은 고민하고 있다. 독자를 잡아 두려면 뉴스레터를 얼마나 오랫동안 어디까지 읽었는지 등등 세세한 데이터 확보가 필수이지만 이메일이라는 사적인 공간에서 일어나는 움직임을 면밀히 파악하기에는 한계가 있다. 이에 뉴닉은 '뉴닉 앱'을 출시했고, 이런 어려움을 극복하고자 한다.

이메일은 일상적으로 접근할 수 있는 가까운 공간이라는 장점이 명확하지만 프라이버시 정책을 준수하다 보면 수집할 수 있는 데이터의 한계도 명확해요. 구현할 수 있는 형식도 제한적이죠. 앱 서비스를 통해 이런 아쉬움을 해소해 보려고 합니다.

'밀레니얼을 위한 시사 뉴스레터'라는 뉴닉의 첫인상을 넘어서는 것도 뉴닉 앱으로 이루고 싶은 목표다. 김 대표는 '밀레니얼', '시사', '뉴스레터' 세 가지 항목에서 모두 도약하고 싶다고 말했다.

지금은 뉴닉이 밀레니얼 세대에게 사랑받고 있지만, 세대와 상관없이 세상이 궁금하고 호기심이 많은 모든 사람에게 다가서고 싶어요. 시사 콘텐츠를 성실히 다룰 것이지만 시사

창업가 수업

에만 갇히고 싶지도 않고요. 〈뉴욕타임스〉의 요리 콘텐츠가 인기를 끌듯 다양한 콘텐츠 분야를 건드려 볼 생각입니다. 이런 시도를 콘텐츠 플랫폼으로써 앱이나 웹에서도 해 보려는 것이죠.

뉴스 콘텐츠로 수익을 내는 방법도 다양하게 시도하고 있다. 그동안 식품 기업 **풀무원**과 채식 캠페인을 진행하거나 인티메이트 코스메틱 브랜드 **세이브앤코**와 청소년 성 인식 전환 콘텐츠를 만드는 등 광고 수익 모델을 시험했다. 2022년 3월에는 주식, 재테크, 환경 등의 분야를 시작으로 유료 멤버십 서비스도 내놓았다.

광고 수익 모델을 검증해 보니 직원 월급을 줄 정도의 수익이 나긴 했어요. 하지만 광고 수익 모델하에서는 돈이 안 되거나 돈이 되는 사람들을 공격하는 콘텐츠는 뒷전으로 밀리기가 쉬워요. 환경 분야가 대표적이죠. 뉴닉의 고객이 광고주인가 독자인가 고민했을 때, 현재 뉴닉의 고객은 독자라고 판단합니다. 그렇다면 고객인 독자들이 꼭 알고 싶고 후원하고 싶은 콘텐츠를 만들고, 이런 콘텐츠를 소비하는 사람들과 어울려 놀 수 있는 장을 만들어서 독자의 지갑을 여는 시도를 하려고 합니다.

뉴스 콘텐츠를 통해
사람과 세상을 연결한다

뉴닉을 창업하면서 김 대표는 학업을 잠시 미뤄 두고 있다. 서울대 경제학과 재학 중 창업한 뒤, 아직 졸업은 하지 않았다. 한동안은 학업을 마치기보단 뉴닉을 키우는 일에 집중할 생각이라고 그는 말했다.

제가 쉽게 생각할 수 있던 졸업 후 진로는 대기업에 취직하거나 로스쿨 등 대학원에 진학하는 길이었어요. 하지만 이런 선택지들은 늘 어딘가 아쉬운 느낌이 있었어요. 대학에서 사회 문제를 해결하는 동아리 활동을 하면서 사회에 좋은 영향을 미치는 일을 업으로 삼고 싶다는 생각을 해 왔거든요. 그런 의미에서 창업은 제가 믿는 가치를 세상에 보여 줄 좋은 선택인 것 같아요.

김 대표가 뉴닉으로 만들고 싶은 것은 '사람들 사이의 유대감'이다. 뉴스 콘텐츠를 통해 사람과 사람을 끊임없이 연결하고, 이런 서비스를 만드는 건강한 조직을 만드는 것이 김 대표의 목표다.

뉴닉을 통해 알게 된 세상 이야기로 힘을 얻었다는 구독자분들이 계세요. 2020년 도쿄올림픽에서 미국의 체조선수 시몬 바일스(Simone Biles)가 심리적 압박을 호소하며 기권을 선언한 이야기를 전했을 때도 그랬죠. 정신없이 하루하루를 살다 보면 나만의 세계에 갇히거나 외로움을 느끼기 쉬워요. 그럴 때 나를 둘러싸고 있는 넓은 세계의 이야기가 일상을 살아갈 활력을 불어넣을 수 있다는 걸 뉴닉을 운영하면서 알게 됐습니다. 그래서 자꾸 뉴닉을 더 키우고 싶은 마음이 커져요. 뉴닉은 처음부터 저널리즘에 대한 소명보다는 개개인이 외로워지고 동떨어지지 않게 하려고 생긴 것이니까요. 뉴닉의 콘텐츠로 구독자와 구독자가, 구독자와 세상이 계속 연결됐으면 좋겠습니다.

당신의 일상을 지키는
화난사람들

─ **최초롱**

밀레니얼 여성 창업가 최초롱 대표. 그가 사법시험에 합격한 뒤 일반적인 법조인의 길을 가지 않고 창업을 선택한 까닭은 무엇이었을까.

이제 참지 말고,
법으로 풉시다

판사의 길을 포기하고 창업을 선택한 최초롱(1987년생) 변호사가 만든 **화난사람들**은 이름부터 눈에 띈다.

창업을 결심하고 '회사 이름은 무조건 이거다'라고 생각하고 한 번에 지었어요. 변호사를 찾는 사람들은 다들 몹시 화가 나 있었거든요. 심지어 검찰에서 전화를 해도 합의하라는 말에 육두문자를 날릴 정도랍니다.

변호사를 찾아오지 않아도 화가 난 사람들은 너무나 많았다.

인터넷만 보더라도 화난 사람들이 여기저기 많잖아요. 요즘은 화나는 일이 생기면 SNS에, 네이트판에, 청와대 국민청원 게시판에 글을 쓰니까요.

도처에 널린 사람들의 화는 어떻게 해소되고 있을까? 최 변호사의 눈에는 구조적인 이유로 해소되기 어려워 보였다. 법원 밖은 스마트폰 터치 한 번으로 많은 일을 할 수 있는 시대가 되었지만, 법원의 소송시스템은 여전히 '아날로그'에 머무르는 것도 한 가지 이유였다. 적성에 잘 맞을 것 같았던 판사 일이 부담스럽게 느껴지면서 다시 진로 고민을 시작했던 재판연구원 2년 차. '그동안 누구도 풀지 않았던 혹은 못했던, 그 어려운 문제를 내가 한 번 풀어 보자'라고 생각하며 리걸테크(Legal Tech)* 기업을 세우기로 마음 먹었다.

고시 공부 말곤 해 본 게 없고, 법인 설립 말고는 사업에 대해 아는 게 없었지만, 법과 기술을 활용해 사람들이 생산적으로 화를 풀 수 있게 하겠다는 목표만큼은 확실했다. 2018년 4월, 최 대표는 재판연구원 임기가 끝나자마자 회사를 세웠다. 그렇게 탄생한 화난사람들은 법과 기술을 어떻게 연결했을까. 서울 동작구 대방동에 있는 여성 스타트업 지원 공간 '스페이스 살림'에서 최 대표를 직접 만났다.

---

* 법률(Legal)과 기술(Technology)의 결합으로 새롭게 탄생하는 서비스. 초기 리걸테크는 법률서비스를 제공하기 위한 기술이나 소프트웨어를 일컫는 용어였다. 최근에는 IT 기술을 바탕으로 한 새로운 법률 서비스를 제공하는 스타트업과 산업을 말하는 것으로 의미가 확장됐다.

창업가 수업

사법고시 합격 후에 시작된 새로운 진로고민
법원의 아날로그를 해결하는 창업으로 이어지다

최 대표는 원래 법학이 아니라 미술, 소비자심리학 등 새로움을 상상해 볼 수 있는 진로에 관심이 많았다. 하지만 '하고 싶은 일이 뚜렷하지 않으면 일단 법대에 가보는 게 어떻겠냐'는 부모님의 권유에 따라 2005년 고려대 법대에 입학했다. 법대에 다니면서도 고시를 볼 생각보단 창업 같은 '다른 길'에 관심이 많았다. 그러다 사법고시를 준비하게 된 계기는 '미국 기업의 대표이사 중 절반 이상은 변호사 자격이 있고, 모든 일은 법을 기본으로 하니 법을 알면 더 큰 길이 열릴 것'이라던 지도교수의 말을 들으면서였다. 3년 동안 공부해 2013년 말 사법고시에 합격한 최 대표가 법조인의 진로 중에서 가장 원했던 길은 판사였다. 분쟁이 일어났을 때 중재를 하는 일이 의미 있다고 생각해서였다. 사법연수원 성적도 좋아서 판사 임용 가능성이 높은 재판연구원으로 일할 기회도 잡았다. 2016년부터 2년 동안 서울고등법원에서 재판연구원 임기를 마치고 변호사 생활을 하다가 판사 임용시험에 합격하면 무난히 판사가 될 수 있었다.

하지만 법원에서 일하며 판사가 하는 일을 가까이에서 지켜보다 보니 생각이 달라졌다. '내가 이 일을 할 수 있을까?' 스스로에게 되물었다.

제가 법원에 가고 싶었던 이유는, 어떤 분쟁이 일어났을 때 그 가운데서 결정을 하는 판사의 일이 중요하다고 생각해서였어요. 그런데 다른 사람의 삶에 깊숙이 관여하는 일은 제가 생각했던 것보다 더 무게감이 있었고, 그만큼 힘들고 스트레스도 크더라고요. 대부분의 판사들이 판결을 내릴 때마다 큰 심리적 부담을 느낍니다. 저도 그 부담을 느꼈던 것 같아요.

재판연구원 이후의 진로를 고민하며 법원 생활을 하던 2017년, 민사부에서 다수당사자 사건을 맡으면서 최 대표의 눈에는 법원의 불편함 한 가지가 눈에 들어왔다. 편리하지 않은 법원의 법률사무시스템이었다.

50명의 당사자가 소송을 하면 변호사 사무실의 송무 직원들은 50명에게서 팩스로, 메일로 제각각 받은 인적사항 등 정보를 법원의 전자소송시스템에 일일이 입력해야 해요. 단순한 사무에 너무 많은 시간과 에너지를 쏟아야 하니 불편하고 비효율적이죠. 하나의 파일로 정리해 한 번에 올릴 수 있는 방법을 법원이 마련해 두기는 했지만, 이 방법이 있다는 사실 자체를 모르는 사람들도 많아요. 알더라도 법원의 '유효성 심사' 통과도 문제죠. 우편번호는 다섯 글자로 적어야 한다거나 주소는 기본주소와 상세주소를 다른 셀에 적어야 한다는 등 간단한 요건을 갖췄는지를 보는 건데, 무엇을 지켜야 하는지 몰라서 유효성 심사에서 떨어지는 일도 비일비재하거든요.

단순 사무에 너무 많은 시간과 에너지를 쓰느라 변호사 쪽이 불편하면 결국 피해는 소비자에게 돌아간다. 실제로 변호사들이 자료 처리가 부담스러워서 당사자가 여럿인 사건을 꺼린다는 현장의 이야기도 들었다. '법원의 아날로그'는 누군가는 꼭 풀어야 할 문제라고 생각했다.

대단히 어려운 기술이 필요한 건 아니지만, 법을 아는 사람은 개발을 모르고 개발을 아는 사람은 법을 몰라서 풀리지 않던 문제였죠. 그러던 차에 IT 개발자와 이런 문제의식을 이야기했고, 스타트업을 창업해 풀어 보자는 결심이 섰습니다.

내 분노가 의미를 갖게 되는 공간

화난사람들은 '공동소송 플랫폼'을 표방한다. 이들이 말하는 '공동소송'은 2명 이상이 모여 법적으로 문제를 풀고자 할 때 활용 가능한 모든 대응 방법이다. 소송은 물론 국민권익위원회 민원 제기, 국가인권위원회 진정서 제출, 공정거래위원회 신고, 재판부 탄원서 제출 등 다양한 방식을 포함한다.

화난사람들의 공동소송은 세 가지 방식으로 시작된다. 일반인의 제보나 회원 변호사들의 소송 제안 혹은 회사 쪽의 직접 기획이다. 사건이 정해지면 화난사람들은 비슷한 사례를 경험한 변호사를 섭외한다. 사건을 맡겠다고 수락한 변호사는 화난사람들의 '회원 변호사'가 되고 공동소

화난사람들 최초롱

231

송이 시작된다. 소송 참여자들은 무료 혹은 혼자 소송을 할 때보다 훨씬 적은 수임료(대개 10~30만 원 선)를 내고 법률 대응에 참여한다. 회원 변호사들은 화난사람들이 만든 '관리솔루션'이라는 프로그램을 사용해 여러 당사자의 소송 정보를 편리하게 모으고, 소정의 소프트웨어 구독료를 회사 쪽에 지불한다. 변호사들이 지불하는 소프트웨어 구독료가 회사의 주된 수익 모델이다. 2021년 3월 기준으로 확보한 회원 변호사는 170여 명 정도다. 회사 규모는 개발자 4명을 포함해 대표까지 총 9명이다. 지난 4년 동안 진행한 프로젝트는 2021년 3월 기준으로 총 86건이다. 2020년 4월 '디지털 성범죄 양형 기준 프로젝트'가 대표 사례다.

N번방 사건에 대한 분노가 워낙 커서 생생한 국민들의 의견을 법원에 전하면 어떨까 생각했습니다. 일반적으로 양형 기준이나 법을 제정할 때 국민들의 의견은 공청회나 시민단체의 의견서 형태로 받습니다. 그런데 이런 의견은 정제된 것이라 현실 속 국민의 의견과는 다른 경우가 많거든요.

N번방 사건은 조주빈이 붙잡히면서 국민적 분노가 들끓었고, 화난사람들의 프로젝트에 목소리를 보탠 이들은 2만 명이 넘었다. 이들의 의견을 텍스트데이터 분석 전문기관이 작성한 보고서와 담당 변호사의 의견서로 정리해 대법원에 전달했다.

기존의 신체적 성범죄 양형 기준과 비교해 보면 당시 디지털 성범죄의 양형 기준이 비교적 높게 정해졌어요. 의미 있는 결과를 가져오는 데 저희도 힘을 보탠 것 같아 뿌듯했죠.

2021년 3월 16일 마감한 '리조트 투자사기 형사고소' 사건은 다수의 피해자가 소액 피해를 입은 전형적인 사기 사건이다. 본인이 투자한 건이 사기인 줄 모르고 계속 돈을 보내다가 화난사람들에서 소송 참여자를 모집하는 걸 보고 난 뒤에 피해 사실을 알게 된 참여자도 있다. 그밖에도 '주식 리딩방에 화난사람들(위법행위 제보, 소송)', '5G 손해배상 집단소송(손해배상 청구)', '대학 맘대로 폐강 가능한 학사규정 바꿉시다(교육부에 의견서 제출)' 등의 프로젝트도 있었다. 최 대표는 "일상이 흔들리는 경험을 할 때 일상을 지키면서 법을 활용해 문제를 해결할 수 있도록 하자는 것이 서비스의 목표"라고 설명했다.

법원의 아날로그 시스템을 바꾸면 분노의 악순환을 끊을 수 있다

최 대표가 구독형 소프트웨어를 만든 이유는 법원의 아날로그 시스템이 '분노의 악순환'을 만드는 한 가지 원인이라고 생각해서다.

분노한 사람들이 네이트판, 청와대 국민청원 게시판 등에 올린 사연은 쉽게 화제가 되고 공론화 수준으로 커집니다. 하지만 금세 흐지부지되는 경우가 많아요. 지금까지는 소송 당사자도 변호사도 공동소송을 진행할 동력이 약했으니까요. 특히 사건을 실제로 맡아서 이끌어 갈 변호사들이 다수의 당사자가 참여하는 사건을 부담스러워했습니다. 여러 가지 구조적 이유 때문에 '돈은 안 되고 잡일은 많다'는 인식이 강했기 때문이죠.

불법 행위가 발생한 경우 피해자들의 손해금액에 '형벌적 금액'을 추가하는 '징벌적 손해배상제도'를 채택하고 있는 미국과 달리, 우리나라는 아직 손해 본 만큼만 배상받는 '실손배상원칙'을 채택하고 있다. 소송 당사자 입장에서는 비싼 변호사 수임료를 내고 수년간 소송을 해도 배상받는 금액이 크지 않다. 재판에서 승소해도 소송 당사자들이 얻을 이익이 크지 않으니, 변호사가 소송을 하자고 제안하기도 수임료를 많이 받기도 어렵다. 기본적으로 공동소송은 '돈이 안 되는 사건'인데, 법원의 시스템마저 아날로그적이라 소송 당사자가 늘어날수록 일일이 처리해야 할 업무도 크게 늘어난다. 지금까지 변호사들은 다수의 피해자가 소액 피해를 입은 사건을 꺼릴 수밖에 없었고, 피해자들은 법의 도움을 받아 피해를 회복하기가 어려운 상황이 계속 반복됐다는 얘기다.

변호사들이 일을 편하게 할 수 있다면 공동소송 수요도 커질 것 같았어요. 막상 소송이 시작되면 당사자가 1명일 때와 100명일 때 변호사 업무는 큰 차이가 없어요. 소송 전 단계에서 데이터를 관리하는 작업이 문제죠. 소송 전 단계를 원활하게 해 주는 게 핵심이라고 생각했습니다. 일각에서는 공동소송은 변호사들만 배를 불려 준다고 말하기도 하지만, 사실 구조를 잘 들여다보면 변호사들이 소송할 이유가 없는 현실이 있었던 거죠.

집단소송 전면 도입 대비해 수익 모델 개발

그는 처음엔 회사를 차리면서도 돈을 벌 생각보단 꼭 필요한 일을 해야겠다는 생각이 더 컸다. 그리고 실전 경영에 들어가자마자 이것이 잘못된 생각이었음을 깨달았다고 한다.

사업에 필요한 투자를 받으려면 합리적인 수익 모델을 바탕으로 설득력 있는 제안서를 만들어야 하니까요. 예전에는 플랫폼 사업은 이용자 수와 트래픽 등 이용 지표가 많이 모이기만 하면 지금 당장 수익 모델이 없어도 가능성을 보고 투자를 받는 경우가 많았죠. 하지만 요즘은 수익화 가능성을 구체적으로 보여 주지 않으면 투자를 유치하기가 어려워요.

화난사람들은 개인 변호사 회원들이 사용하는 '관리솔루션'을 발전시켜서 법무법인이나 법률사무소가 쓸 수 있는 '법인용 공동소송 소프트웨어'를 개발하고 있다. 2020년 9월 정부가 집단소송과 징벌적 손해배상제의 전면 도입을 핵심으로 하는 집단소송법 제정안과 상법 개정안을 입법 예고한 데에 대비하는 조처다. 그동안 한국에서는 금융 분야에서만 한정적으로 집단소송이 가능했지만, 이러한 법률 제·개정안이 완전히 처리되면 모든 분야에서 50명 이상 당사자가 모이면 집단소송이 가능해진다. 일부 피해자가 집단소송을 해서 이기면 관련 당사자 전부에게 판결의 효력이 미쳐서 소송에 참여하지 않아도 배상을 받을 수 있다.

집단소송과 징벌적 손해배상제가 입법 예고된 뒤로 변호사들이 공동소송을 눈여겨보고 있습니다. 앞으론 수익이 충분히 날 수 있는 시장이라고 보고 투자할 필요를 느끼는 것 같아요. 공동소송을 진행하는 웹사이트를 자체적으로 만드는 법무법인도 있죠. 그런데 이 시스템을 구축하고 유지하는 데 비용이 많이 들어가죠. 그래서 자체 시스템을 구축할 여력이 부족한 작은 법무법인이나 법률사무소들이 구독해서 사용할 수 있는 소프트웨어를 만들고 있습니다.

또한 커뮤니티 서비스도 개발해 공동소송이 시작되는 방식도 다양화하고 변호사 추천 기능도 준비하고 있다.

'이곳에 가면 피해자들과 함께 이야기를 나눌 수 있다'고 떠

창업가 수업

올릴 수 있는 공간을 만들려고 합니다. 지금은 사건과 법적 대응 방식이 정해져야 소송 참여자를 모집하지만, 비슷한 피해를 입은 사람들이 모여서 이야기를 나누다 직접 소송을 시작할 수 있도록 하는 거죠. 화난사람들의 회원 변호사들과 피해자들이 더 쉽게 연결될 수 있을 것 같습니다. 또 소송 당사자가 직접 변호사를 선택할 수 있도록 데이터 분석을 통해 해당 이슈와 가장 적합한 변호사를 추천해 주는 서비스도 준비 중이죠.

물론 플랫폼으로서 가장 안정적으로 수익을 낼 수 있는 방안은 의뢰인과 변호사를 연결하고 중개수수료를 받는 것이다. 하지만 현행 변호사법에서는 금지 사항이다. 변호사가 아닌 사람이 사건을 알선한 대가로 돈을 받으면 현행 변호사법에 어긋난다. 이는 기존 변호사 업계와 리걸테크 업계의 갈등으로 번질 여지를 안고 있다. 실제로 네이버 **엑스퍼트**의 유료 법률 상담은 대한변호사협회로부터 변호사법 위반으로 고발되기도 했다. 이러한 이유로 화난사람들 이용자들이 내는 수임료도 지금은 전부 변호사에게 가고 있다. 이뿐만 아니라 주식회사가 법률 문서를 작성하는 등 법률 서비스를 제공하고 돈을 받는 것도 금지된다.

1949년 제정된 변호사법이 이런 규제를 했던 취지는 변호사 자격이 없는 사람이 변호사처럼 법률 상담을 해서 국민에게 피해를 주는 상황을 막으려던 것입니다. 그러나 지금은 법 제정 당시엔 상상할 수 없었던 플랫폼이나 법률 상담이 가능한 인공지능이 등장하는 등 사회적·과학적 여건이 크게 달라졌어요. 달라진 시대에 맞게 법도 변화의 논의를 해야 한다고 생각해요.

중고거래는 당근마켓
법의 도움은 화난사람들

최 대표는 스타트업 생태계에서는 드물게 플랫폼 사업을 하는 여성 창업자다. 그는 "사회생활을 하는 여성이 겪는 차별은 법조계에서도 창업 생태계에서도 예외는 아닌 것 같다"고 말했다.

사법연수원 수료 1년 전에 사전채용이 결정되는 걸 보면 남성과 여성의 차이가 정말 컸어요. 연수원은 성적으로 평가받는 곳이라는데도 대형 로펌은 성별에 따라 취업 가능성이 굉장히 차이가 나더라고요. 창업을 한 뒤로도 비슷한 어려움이 있었죠. 여성 창업가들은 '아이를 낳으면 사업은 어떻게 할거냐'는 질문을 자주 듣습니다. 저도 그랬죠. 이미 아이가 있는 여성 창업자는 '일하는 동안 애는 누가 보냐'는 질문도 받는다더군요. 남성 창업가라면 듣지 않을 질문입니다.

창업가 수업

예비 여성 창업자들은 좀더 자신감을 가져도 좋을 것 같다는 조언도 했다. 최 대표 자신이 실제로 도움을 받았던 마음가짐이라고 했다.

투자자나 동료 여성 창업자들과 이야기해 보면, 여성들은 자기가 정말 할 수 있는 내용만 말한다고 해요. 본인이 책임질 수 있는 이야기만 하는 거죠. 가령 10이 가능해도 보수적으로 7까지만 말하는 식이죠. 하지만 남성 스타트업 대표들은 가능한 만큼뿐만 아니라 자신감까지도 보여 준다고 해요. 모든 여성 창업자가 그런 건 아니겠지만, 지나치게 소극적으로 자신의 사업을 설명하면 성장에 걸림돌로 작용하는 것 같아요. 저도 이런 사실을 알고 난 뒤로는 더 자신감을 갖고 투자자를 대했더니 실제로 도움이 됐습니다.

최 대표는 화난사람들을 창업하면서 법관의 길은 완전히 생각을 접었다고 했다. 대신 화가 나면 가장 먼저 떠올릴 수 있는 플랫폼으로 화난사람들을 키우겠다는 새로운 목표가 생겼다고 했다.

요즘은 팔아야 하는 물건이 있으면 당근마켓에 올리고, 공유하고 싶은 이야기가 있으면 네이트판에 들어갑니다. 내가 뭔가 하고 싶을 때 머리에 바로 떠오르는 서비스를 통해서 생활습관이 바뀌는 거죠. 화난사람들도 그렇게 되고 싶어요. 어떤 문제가 있을 때 속으로 삭히거나 SNS에만 쓰지 말고, 화난사람들을 통해서 제대로 된 법적 절차를 밟아서 해결했으면 좋겠습니다. 저는 창업을 하기로 마음먹은 뒤로는 법원으로 돌아가지 않겠다고 결심했어요. 대신 제가 갖고 있는 법률 지식을 활용해 새로운 법률 서비스, 그리고 미래를 여는 법조인이자 사업가가 되고 싶습니다. 막상 시작해 보니 그 길이 쉽지는 않아요. 그럴 때면 '안 어려운 거면 누군가가 했겠지, 그 어려운 걸 내가 해낸다'라고 생각하면서 다시 마음을 다잡고 있습니다.

6장

전공과는 다른 길을 찾아 내 길은 내가 만든다

회사를 만드는 회사
패스트트랙아시아

— 박지웅

한국 최초로 '컴퍼니 빌더'를 설립한 뒤 그가 운영하고 매각했던 회사들의 가치를 모두 합치면 무려 5,000억 원에 달한다. 평범한 공대생이 투자의 신이 되고 창업의 신이 되었다.

패스트캠퍼스에는
2030 본부장이 있다

　　박지웅(1982년생) **패스트트랙아시아** 대표는 배달의민족, 크래프톤을 초기에 알아보고 투자를 결정한 벤처캐피탈리스트*로 유명하다. 두 번째 직업인 사업가로 변신해서는 한국에서 처음으로 회사를 키우는 회사, '컴퍼니 빌더(company builder)라는 형태의 회사를 만들었다. 그렇게 키운 회사가 한국의 **위워크**(WeWork)**로 불리는 **패스트파이브**다. 벤처업계에 발을 들인 이후로 10년 넘게 꾸준히 성과를 내고 있고, 심사역에서 사업가로의 변신도 성공적으로 해낸 그의 화려한 경력에 사람들은 주목한다.

---

* 　초기 기업에 투자하는 투자사 '벤처캐피탈'에서 투자 여부를 심사하고 결정하는 사람
** 　위워크는 미국에서 시작된 대표적인 코워킹 스페이스이다.

하지만 박 대표의 성취는 그냥 얻어진 것이 아니었다. 그는 어릴 적부터 내내 크게 부족한 점이 없이 살아왔지만, 그런 배경 속에서 성장했다고 해서 원하는 바를 늘 쉽게 얻을 수 있지는 않았다. 스스로도 '아주 개인적인 경험에서 비롯된 생각이라 남들이 듣기엔 배부른 소리'라고 말했듯이 이미 가진 게 많은 것도 사실이지만, 그만큼 성장 과정에서 잘난 사람들에게 둘러싸여 살면서 크고 작은 좌절을 겪었다. 그리고 그 과정에서 느낀 열등감들은 그가 노력하는 투자자이자 사업가로 살아가게 하는 원동력이었다.

노력에 비례하는 보상은 무엇일까? 이 물음을 끊임없이 고민해 온 그는 노력에 비례한 보상을 줄 수 있는 회사를 직접 만들고 있었다. 서울 강남역 패스트캠퍼스에서 박 대표와 만나 그가 경험했던 좌절과 성취에 대해 이야기를 나눴다.

천재나 낙하산 말고!
공정하게 일하는 곳은 어디일까?

박지웅 대표는 의대 진학을 목표로 학창 시절을 보냈지만, 수능 만점자가 66명이나 나올 정도로 쉬웠던 2000년 '역대급 물수능' 때 대입을 치르면서 가고자 했던 대학에 입학하지 못했다. 차선으로 선택한 포항공대 산업공학과에서는 가르쳐 주지 않아도 스스로 깨우치는 과학고 출신의 천재 동기들을 보면서 노력으로 따라잡을 수 없는 차이를 느끼며 좌절했다.

어떤 진로를 선택해야 할까 고민하던 그때, 그의 눈에 들어온 분야는 경영학이었다. 독학으로 경영학을 공부하며 투자와 사업에 눈을 떴고, 일단 금융업계를 거쳐 보자는 생각에 연세대에 다니는 친구에게 묻고 물어 금융 컨설팅사 인턴 기회를 어렵게 얻어 냈다. 하지만 컨설팅사에서 인턴 생활을 하면서 다시 한 번 좌절했다. 옆자리 인턴은 알고 봤더니 '누구 아들'이라면서 위에서 내리꽂은 사람이었다.

수능시험 결과와 천재 동기들, 컨설팅사 낙하산이라는 세 가지 경험이 제게는 10대 후반부터 20대 초반까지 5~6년 동안 연이은 충격으로 다가왔어요. 이런 상태에서 사회생활을 시작하다 보니 '좀 더 공정한 규칙은 뭘까', '열심히 한 만큼 성과가 나는 일은 무엇일까'라는 고민을 끊임없이 했어요. 상사의 평가를 받아서 월급은 많이 받거나 높은 직급에 오르는 직장 생활 말고, 고객에게 직접 결과에 대해 평가를 받는 일을 하고 싶었어요. 제 답은 사업을 하는 것이었어요. 하지만 아무런 경험 없이 바로 사업을 시작하면 위험 부담이 크다고 판단해 일단 투자업계에 들어가기로 결심했습니다.

경험 많은 대기업 출신 40대가 막내인
벤처캐피탈의 유일한 20대 심사역

대학 졸업반이었던 2008년, 산업공학과 동기들은 아무도 생각하지 않았던 진로인 벤처캐피탈 심사역이 되겠다고 결심하면서부터 '맨땅에 헤딩'이 시작됐다.

인턴 시절, 벤처캐피탈협회에서 만든 수첩 하나를 우연히 얻었습니다. 국내 모든 벤처캐피탈 대표의 연락처가 적혀 있었죠. 수첩에 있는 모든 투자사의 대표 이메일로 이력서와 투자계획을 매달 반복해서 보내며 면접의 문을 두드렸어요. 대부분 답이 없었죠. 그러다 6개월 만에 한 투자사에서 연락이 왔습니다.

면접 기회를 얻게 된 곳은 당시 막 문을 연 신생 벤처투자사 **스톤브릿지벤처스**이었다. 간단한 면접을 거쳐서 28살에 그 회사의 유일한 20대로 입사했다. 하지만 막상 현업에 가 보니 벤처캐피탈은 아무도 20대와 놀아 주지 않는 곳이었다.

대기업에서 오래 근무하다가 퇴사한 40대 중반이 막내인 업계였어요. 투자 측면에서도 당시 우리나라의 경제, 산업 구조를 그대로 반영하는 투자를 하는 게 일반적이었습니다. 전체 국내총생산(GDP)의 상당 부분을 차지하는 기업인 삼성전자, 현대자동차, 포스코를 중심으로 이뤄졌어요. 성장성 있는 작은 회사는 곧 대기업에 납품하는 하청업체였죠. 투자 정보도 이전에 대기업 근무 경험을 살려서 얻는 분위기였어요. 저는 벤처캐피탈이 무엇인지 미국의 자료를 보며 공부하고 입사했는데, 한국의 벤처캐피탈은 제가 예상했던 것과 완전 딴판이었죠.

'내가 아저씨들보다 제조업 투자를 잘할 것 같진 않은데…'라고 생각하던 때 박지웅 대표의 눈에 들어온 세계는 모바일이었다. 그가 심사역이 됐던 2008년은 우리나라에 '아이폰 3GS'가 들어오고 페이스북 이용자가 급격히 늘던 때였다.

모바일 시대가 열리면 사람들의 라이프 스타일이 크게 바뀔 것 같았어요. 매일 소재와 부품 이야기를 하는 회사 선배들은 스마트폰을 안 쓰고 페이스북도 몰랐는데, 상대적으로 저는 이런 서비스를 만드는 2030 창업자들에게 접근성이 좋을 것 같았죠. 모바일 기반 사업을 전개하는 회사를 만나자고 마음먹고 공부를 시작했어요. 누구도 가르쳐 주는 사람이 없었고 네트워크도 없어서 닥치는 대로 보고서를 읽었습니다. 앱스토어에서 카테고리별로 1~10위 앱을 만드는 회사를 모두 찾아서 만났습니다. 앱스토어의 카테고리가 라이프 스타일 전체를 대변한다고 봤기 때문이에요. 여기서 업종별 1~2등을 잘 가려서 투자해 놓는다면 다수가 망하더라도 한두 개는 커지지 않을까 생각했습니다.

박 대표는 2012년까지 4년 동안 스톤브릿지벤처스에서 일하면서 1위 배달 앱 배달의민족을 운영하는 '우아한형제들'과 인기 PC게임 배틀그라운드를 만든 게임 개발사 '크래프톤', 소셜 커머스 '티몬' 등 30여 개 회사에 투자했다. 지금은 유니콘으로 성장한 이들 회사를 초기에 알아보고 투자했던 이력 덕분에 '실력 좋은 투자자'로 업계에서 이름을 알렸다.

변화의 변곡점이던 시기에 스톤브릿지에서 일할 수 있어서 운이 좋았던 것 같아요. 실제로 대다수의 벤처캐피탈리스트들이 입사 직후에는 투자를 많이 진행하기 어렵거든요. 1년에 3~4건 정도만 해도 많은 편인데 저는 10개씩 할 수 있었어요. 이제 막 생긴 투자사라서 일은 많은데 일할 사람은 없는 환경이었고, 회사 분위기 자체가 담당 심사역의 판단을 신뢰하기도 했거든요. 20대 후반, 30대 초반의 나이에 결코 경험할 수 없는 수준의 투자 경험을 쌓을 수 있었습니다. 그렇게 투자한 것들이 결과도 좋았고요.

투자 성공 사례가 이어지자 위험 부담 때문에 미뤄 두었던 사업을 생각했다. 인수합병 등 투자 이익을 실현하는 과정을 여러 차례 거치면

창업가 수업

서, 이 모든 과정에서 주연은 결국 창업팀이고 투자자는 조연이라고 느꼈기 때문이다.

저는 사업 과정에서 돈이 필요한 시점에 돈을 넣는 결정을 한 것 말고는 아무것도 한 게 없더라고요. 결과를 만들어 낸 건 결국 임직원들이었습니다. 동시에 '내가 그 회사에 투자했다는 것은 결국 나도 그 회사 사업 계획이 될 것이라고 생각한 것이구나, 이게 계속 맞아떨어지면 나도 한 번쯤 주연을 해 봐도 되지 않을까' 하는 생각도 들기 시작했죠.

한국 최초의 컴퍼니 빌더 설립

투자자에 이어 두 번째 직업으로 사업가를 택하면서 박 대표는 2012년 '컴퍼니 빌더'를 표방하는 패스트트랙아시아를 세웠다. 티몬에 투자하면서 인연을 맺었던 티몬 창업자 신현성 대표와 티몬의 유일한 엔젤투자자였던 노정석 리얼리티리플렉션 최고전략책임자(CSO)와 공동창업한 회사다. 컴퍼니 빌더는 단순히 스타트업에 돈을 투자하는 것을 넘어, 사업아이템을 발굴하고 사업 모델 구상하는 과정도 함께 거치며 투자자보다 더 적극적으로 사업을 관리하고 키우는 역할을 한다. 우리나라에서는 패스트트랙아시아가 처음으로 시작한 개념이다.

이런 형태로 사업을 한 이유를 묻자 그는 '해 보고 싶은 것이 많아서'였다고 답했다.

한 회사가 하나의 서비스를 하면 한 가지 일로만 몇 년을 가야 합니다. 저는 해 보고 싶은 사업이 많았는데 어떤 것도 놓치고 싶지 않았어요. 그러려면 회사가 회사를 만드는 형태여야겠다고 어렴풋이 생각했습니다.

때마침 공동 창업자들도 비슷한 생각을 하고 있던 터라 '회사 만드는 회사'를 세워 보자는 방향에 다들 동의했다고 한다.

막연히 아이디어를 키워 가던 중에 해외에서는 이런 형태로 사업을 하는 회사가 많다는 사실을 알게 됐어요. '스타트업 스튜디오', '스타트업 팩토리'라는 이름으로 불리더군요. 그중에서 외신에서 가장 많이 쓰는 표현이 '컴퍼니 빌더'여서 그렇게 쓰기 시작했습니다.

패스트트랙아시아가 만든 10개의 회사는 대부분 '의식주'와 관련된 서비스를 제공한다.

의식주는 사람들의 소비 지출이 가장 많은 영역입니다. 우리나라는 여기에 교육도 포함된다는 독특한 지점이 있죠. 시장 규모가 큰 의식주와 교육 분야에서 혁신을 일으키면 임팩트가 클 것이라고 생각했습니다. 제대로 된 혁신 플레이어가 부재하기도 했고요. 잘하면 승산 있겠다 싶어서 하나씩 만들었죠.

패스트트랙아시아는 공유 오피스 **패스트파이브**, 성인 직업교육 학원 **패스트캠퍼스**, 벤처투자사 **패스트벤처스**, **패스트인베스트먼트** 등 자회사 4개를 갖고 있다. 식품 커머스 **헬로네이처**, 배달앱 **푸드플라이**, 남성 정장 **스트라이프스**, 의료서비스 플랫폼 **굿닥** 등 4개 회사는 이미 매각했고, **퀸시**(쇼핑몰), **소울부스터**(여성 속옷)는 사업을 정리했다.

여러 회사 중 패스트트랙아시아의 핵심이 되는 두 축은 패스트파이브와 패스트캠퍼스다. 공유 오피스는 도심의 비어 있는 건물의 전체 혹은 일부분을 장기간 빌린 뒤, 빌린 공간을 잘게 쪼개서 월 사용료를 받고 개인이나 사업자에게 다시 빌려 주는 형태의 사업으로 미국의 위워크가 전 세계에 확산시켰다. 패스트파이브는 2015년 1호점을 시작으로 2021년 7월 기준으로 30여 개의 지점을 운영하고 있다.

주거와 관련된 사업으로 처음에는 쉐어하우스 모델을 고민했어요. 하지만 아파트 단지 수준으로 규모를 키워서 하지 않으면 사업 모델을 짜기가 어렵겠더라고요. 그러다 위워크라는 회사를 알게 되어서 '주거'에서 '오피스'로 부동산 사업의 초점을 옮겼습니다. 공유 오피스 사업은 건물주와 5년치 월세 계약을 하면 되는 방식이라 부담이 적었고, 지킬 수 있는 약속을 하는 사업이란 생각이 들더라고요. 알아볼수록 재 밌고 성장 가능성이 크다고 판단해 시작한 사업입니다.

패스트파이브는 2020년 7월 코스닥 상장을 추진했지만 거래소의 문턱을 넘지 못하고 그해 12월 예비심사청구를 자진 철회했다. 과거에 존 재하지 않던 형태의 사업이라 마땅한 비교 대상이 없고, 아직 영업적자를 기록하고 있는 등 플랫폼 사업 성과가 뚜렷하게 나타나지 않고 있는 점들 이 심사 장기화에 영향을 준 것으로 알려졌다.

패스트캠퍼스는 처음 창업한 회사들에게 엔젤투자를 하면서 초기 기업이 하는 실수를 보면서 만들게 된 회사다.

저희는 매번 회사를 만들다 보니 범하지 않는 실수를 초기 회사들은 늘 반복하더라고요. 시행착오 비용을 줄일 수 있는 지점들을 교육 콘텐츠로 만들어 팔 수 있지 않을까 생각했던 게 패스트캠퍼스의 시작이었어요. 처음엔 스타트업 창업과 관련한 교육과정으로 시작했다가 지금은 다양한 분야로 내 용이 확장됐어요. '스타트업 창업 캠프' 콘텐츠는 반응은 좋 았지만 시장 사이즈가 작았거든요. 그래서 범위를 조금 넓혀 서 살펴보니, 우리나라의 모든 교육 기업은 수능 이전을 타 깃으로 하고 있더라고요. 회사에 다니면서 필요한 지식은 학 교에서 배운 것과 다른데 이걸 가르쳐 주는 곳은 없었죠. 대 학 졸업 이후 성인의 재교육 수요가 상당히 많을 것 같다고 판단했고, 본격적으로 상업화를 했습니다.

경력보다 노력이 우선입니다

직접 회사를 운영하면서 그는 노력하는 내부 구성원에게 합당한 보상을 하는 방법도 고민했다. 패스트캠퍼스에 있는 '2030 본부장'들은 그런 생각 속에서 태어났다. 박 대표는 시설투자와 자본투자가 많이 들어가는 사업인 패스트파이브에선 아니지만, 콘텐츠 사업인 패스트캠퍼스의 경우에는 외부에서 영입한 인사가 아닌 수습 사원으로 입사해 내부 승진을 거쳐 본부장 등 리더 그룹에 속하게 된 '젊은' 책임자들이 많다고 설명했다. 직무교육, 랭귀지, 취업교육, 콜로소(자영업자 교육) 등 4개 사업본부는 본부장 전원이, 사업본부 아래의 팀장은 15명 중 14명이 패스트캠퍼스에서 사회생활을 시작해 리더 그룹이 된 이들이라고 한다. 나이대는 모두 20대 후반에서 30대 초반이다.

젊은 직원에게도 큰 권한을 주는 방식으로 인력을 운용을 하게 된데에는 박 대표의 심사역 시절의 경험이 영향을 미쳤다. 배경이나 네트워크가 없어도 노력하면 누구나 성과를 낼 수 있다는 게 그의 생각이다.

모든 직원은 결국 제로 베이스에서 일하는 것이니까요. 나이가 젊거나 경력이 없는 직원에게 기회를 주는 것에 거리낌이 없습니다. 다른 회사에서 경력을 쌓았다고 하더라도 패스트캠퍼스, 패스트파이브의 상품과 정확히 동일한 것을 판 것은 아니잖아요. 다 처음 해 보는 일이니 어린 직원이라고 못할 것도 없죠. 직원의 경력과 성과가 꼭 비례하지 않는다고 생각합니다. 주어진 일을 잘 수행하면 빠르게 승진하고 더 많은 역할을 부여하는데, 여기서 중요한 것은 결과보다는 과정입니다. 결과적으론 손실이 났더라두 치열하게 고민하는 과정을 거쳤다면 크게 책임을 묻지 않습니다. 이게 패스트트랙 아시아의 기본적인 인적자원 관리 방식입니다. 패스트캠퍼스의 2030 본부장들도 다들 일선에서 일할 때 몇 억씩 손실을 냈던 사람들입니다.

어떤 회사를 만들고 싶은가?

'회사 만드는 회사'는 앞으로 어떤 회사를 만들 계획이냐고 묻자, "당분간은 패스트파이브와 패스트캠퍼스에 집중할 계획"이라고 답했다.

새로 뛰어들 사업 분야는 열심히 공부하면서 찾고 있지만 아직 정해지진 않았어요. 일단 지금 운영하는 회사를 '결과보다 과정에 더 치열하게' 만드는 일에 힘을 쏟으려고 합니다. '노력에 비례한 보상'이 주어지는 조직문화는 여전히 달성하기 위해 특별히 신경을 쓰고 있습니다. 이루어 낸 게 아니라 지향점에 가깝습니다. 지난 5~6년 동안 꾸준히 시도하면서 이제 좀 자리를 잡았지만 앞으로도 계속 이 문화를 유지하려면 훨씬 더 어려울 것 같아요. 결과보다 과정에 치열하고, 노력한 만큼 보상을 받을 수 있다는 생각을 구성원 한 명 한 명에게 뿌리내리게 하는 것이 상당히 어려운 숙제라고 생각해요. 이것 말고는 앞으로 새로운 지향점이 있지는 않습니다.

물리 서버에서 클라우드 서버로
패러다임을 바꾸는 기업

베스핀글로벌

─ 이한주

생물학을 전공했던 이한주 대표는 IT 분야의 창업을 선택했다. 그 선택은 옳았다.
그렇게 창업한 첫 회사 호스트웨이를 5,000억 원에 매각했다. 그리고 한국으로
돌아와 베스핀글로벌을 창업했다. 현재 베스핀글로벌은 유니콘 기업 등극을 눈
앞에 두고 있다.

클라우드,
이제는 선택 아닌 필수

2021년 7월 발생한 코로나 19 백신접종 사전예약시스템 '먹통 사태'. 2000년대 초반에 구축돼 동시 접속 인원이 최대 30만 명에 불과한 서버에 50~60대 백신 접종 대상자와 자녀, 대리인 등 1,000만 명이 한꺼번에 몰린 것이 원인이었다. 거센 불만이 일자 정부는 서둘러 몇몇 기업에 도움을 요청하고 '클라우드'로 문제를 풀기로 했다. 18~49세 1,770만 명의 접종 예약이 시작되는 2021년 8월까지 접종 사전예약 누리집 접속의 길목인 본인인증 페이지에 클라우드 기술을 적용해 시스템을 개선했다. 2020년 3월 온라인 개학에 이어 두 번째로 클라우드가 해결사로 나선 것이다. 코로나 사태 이후 두 번의 공공클라우드 도입에 모두 참여한 업체가 있다. 2015년 창업한 **베스핀글로벌**이다.

코로나 팬데믹 이후, 원격수업과 재택근무 등 비대면 생활이 일상화되면서 모든 분야에서 클라우드 도입 필요성이 커지고 있다. 클라우드 엠에스피(managed service provider, MSP) 기업인 베스핀글로벌의 일도 함께 늘어나는 중이다. 베스핀글로벌은 이한주 대표(1972년생)의 세 번째 사업이다. 그는 이미 미국에서 웹 호스팅, 데이터센터 사업을 하다 매각한 경험이 있고, 국내에서 스타트업 액셀러레이터 **스파크랩**을 운영하면서 벤처 투자와 사업 멘토링도 활발히 진행하고 있다 이런 가운데 IT 분야의 미래는 클라우드에 있다고 보고 베스핀글로벌을 창업해 새로운 도전에 나섰다. 이한주 대표와 만나 그가 꿈꾸는 미래가 무엇인지 들여다봤다.

닷컴붐 때 창업한 '호스트웨이'를
5,000억 원에 매각

이 대표는 중학교 1학년이었던 1983년, 아버지 이해민 전 삼성전자 사장(현 베스핀글로벌 회장)을 따라 미국으로 건너갔다. 미국 시카고대학교에서 생물학을 전공하고 1998년 사회에 첫발을 내디디며 선택한 길이 IT 기업 창업이었다.

흔히 '닷컴붐'이라고 하죠. 인터넷이 상용화되기 시작했던 당시엔 전공이 무엇이든 상관없이 정말 많은 사람들이 창업을 했어요. 지금의 스타트업 열풍보다 더 뜨거운 열기였어요. 저는 당시에 유전자 치료와 관련한 연구를 하고 있었는데 연구에 필요한 기술들이 부족해서 어려운 시간을 보내고 있었어요. 그때 한 선배의 제안으로 무작정 창업에 뛰어들었습니다.

생물학에서 IT 분야로 그것도 취업이 아닌 창업을 하겠다고 선뜻 결심한 이유는, '인터넷이 앞으로 세상을 상상할 수 없을 정도로 엄청나게 변화시킬 것 같다'는 확신이 들어서였다. 하지만 첫 창업은 쉽지 않았다. 비디오테이프를 벌금 없이 무제한으로 빌려 보는 서비스를 구상했지만 사업 모델을 구축하지 못해 실패했다. 그러나 첫 아이템을 구상하면서 눈에 들어왔던 '웹호스팅' 기술로 **호스트웨이**라는 회사를 만들었다.

인터넷을 활용한 비디오 대여 서비스를 준비하면서 생각해 보니, 앞으로는 무슨 일을 하려거든 웹사이트는 기본으로 만들어야겠더라고요. 그렇다면 각 사업자가 구축한 웹사이트를 인터넷과 연결해 주는 웹호스팅 서비스를 제공하고 호스팅에 필요한 데이터센터도 제공해 주면 어떨까 생각한 거죠.

호스트웨이는 전 세계 11개 나라에 14개 데이터센터를 두고 고객사 100만 곳을 둘 정도로 순항했다. 하지만 이 대표는 2012년 미국의 사모펀드에 5,000억 원을 받고 회사를 넘겼다. 아마존의 클라우드 서비스 아마존웹서비스(AWS)가 계기였다.

호스트웨이 고객사들이 기존 경쟁사가 아닌 아마존과 데이터센터 계약을 했다는 보고가 영업부서에서 올라왔어요. 책을 파는 회사와 무슨 데이터센터 계약을 하나, 들여다봤더니 아마존이 클라우드 사업을 한다더군요. 그때 처음 클라우드라는 세계에 눈을 떴어요. 데이터센터의 다음 단계가 클라우드더라고요. 앞으로 커질 분야 같아서 호스트웨이도 클라우드에 1,000억 원 정도 투자를 했고 2008년엔 클라우드 서비스를 내놓기도 했어요. 하지만 매년 1조 원 넘는 투자를 공격적으로 하는 아마존을 상대하기엔 역부족이었죠. 클라우드 산업이 지금처럼 커질 줄도 몰랐습니다. 아마존만큼 투자해서 아마존과 같은 형태의 사업으로 직접 경쟁하여 이기기 어렵다면, 데이터센터 사업은 큰 매력이 없겠다는 판단에 따라 따라 회사를 매각했습니다.

한국 클라우드 초창기에 뛰어들어
삼성전자 직계약하며 주목받다

'아마존과 경쟁이 어렵다면 협업을 하자.' 베스핀글로벌은 클라우드 산업의 틈새시장을 노리는 전략으로 시작한 클라우드 MSP 회사다. 클라우드 시장은 직접 거대 규모의 클라우드 서버를 구축하고 제공하는 아마존, 구글, 마이크로소프트 같은 씨에스피(cloud service provider, CSP) 기업과 이들 기업이 제공하는 클라우드 서버를 효율적으로 사용할 수 있도록 컨설팅과 유지, 관리를 해 주는 MSP 기업을 두 축으로 한다. 베스핀글로벌이 생겨난 2015년만 해도 한국에선 클라우드라는 개념 자체가 생소했다. 초기 사업자로서 베스핀글로벌이 직접 CSP 기업으로 클라우드 센터를 제공할 수도 있었지만, 이 대표는 MSP만으로도 충분히 가능성이 있다고 생각했다.

저희는 처음부터 고객사들이 멀티클라우드를 활용할 것이라고 예상했거든요. B2B IT 인프라 서비스는 고객들이 여러 벤더를 원한다는 특징이 있습니다. 그렇다면 고객과 여러 CSP 사업자 사이에서 윤활유 역할을 하는 것만으로도 엄청나게 큰 사업이 될 것이라고 봤죠. 자동차 산업에서 자동차 제조가 아닌, 자동차 전문 보험 사업만으로도 큰 시장이 형성된 것과 비슷하게 MSP 분야만으로도 사업성이 있다고 판단했습니다.

베스핀글로벌은 창업 직후, 삼성전자의 클라우드 전환 사업을 직계약으로 수주하면서 단숨에 업계의 주목을 받았다. 삼성 계열사의 IT 인프라는 삼성SDS가 맡아서 구축하거나, 외부 업체가 납품하더라도 삼성SDS를 통해서 하는 것이 일반적이다. 그런데 이 과정을 거치지 않고 신생 업체가 삼성전자와 직접 계약을 체결한 것이다.

당시에 한국의 IT 생태계를 잘 아는 많은 사람들이 의아해했습니다. 삼성전자와 직계약은 제가 한국의 IT 업계를 몰랐기 때문에 가능했던 일이었어요. 몰랐으니까 삼성전자에 직접 찾아가서 영업을 한 거죠. 한편으론 국내 IT 업계의 큰 부분을 차지하는 대기업 SI 계열사들이 대기업 안에서 '온실 속 화초'로 존재하면서 경쟁력 있는 기업으로 성장하지 못한 영향도 있다고 봅니다. 삼성전자는 이제 글로벌 기업으로 성장했지만, 삼성SDS는 신기술 도입 등에 소극적인 편이었죠. 그러다 보니 신생 업체에게 기회가 주어졌던 것 같습니다.

이 대표는 창업 초기엔 영업 대상인 기업들에게 클라우드의 필요성을 설명하고 설득하는 것이 어려웠다고 했다. "굳이 써야하냐"고 되묻거나 클라우드의 위험성을 먼저 염려하는 반응이 많았다고 한다. 클라우드 도입을 고려하고 있는지 기업들에게 물어보면 15~30% 정도가 "고민한다"고 답했을 뿐, 나머지는 별생각이 없었다고 당시 분위기를 전했다.

코로나 19 팬데믹에서 맞이한
클라우드 산업의 변곡점

하지만 2020년 초 코로나 19 팬데믹을 거치며 클라우드 산업은 변곡점을 맞았다. 재택근무와 원격수업이 일상화되면서 기업과 공공기관, 학교 등 전 사회가 갑작스럽게 디지털 전환을 해야 했다. 비대면 일상을 유지하기 위해서 클라우드 도입은 선택이 아닌 필수가 됐다.

코로나 19 전후의 차이를 극명하게 느낍니다. 이젠 클라우드를 도입해야 할지 고민하지 않습니다. 클라우드 도입은 상수이고, 언제 어떤 식으로 도입할지를 고민하죠. 가장 보수적이었던 금융사와 공공기관은 마지막까지 클라우드에 회의적이었지만 지금은 활발히 클라우드 전환이 진행되고 있습니다. 코로나를 거치면서 고객사 유치가 한결 수월해졌죠.

2020년 3월에는 초중고 온라인 개학에 사용된 클라우드 서버 운영에도 참여했다. EBS 교육방송 온라인클래스와 한국교육학술정보원(KERIS) e학습터의 클라우드 서버 제공 회사는 마이크로소프트와 네이버로 각각 달랐지만, 양쪽의 운영은 모두 베스핀글로벌이 맡았다. 2021년 7월, 먹통 사태가 발생한 코로나 19 백신접종 사전예약시스템의 문제 진단과 해결에도 투입됐다. 베스핀글로벌의 클라우드 전문가 20여 명은 7월 27일부터 퇴근을 반납하고 '워룸'(war room, 상황실)에서 본인인증 클라우드 서버를 개발했다.

이 대표는 앞으로 정부와 공공기관이 더 적극적으로 클라우드를 도입해야 한다고 주장했다.

베스핀글로벌 이한주

IT 기술은 갈수록 사람들의 생활에 깊숙이 파고들 것입니다. 백신접종 예약시스템 먹통 사태를 보면, IT 인프라를 튼튼하게 갖추는 것은 이제 삶을 좌우하는 문제가 됐습니다. 그런 점에서 백신접종 예약시스템 먹통 사태는 씁쓸한 일이죠. 2020년 봄 온라인 개학으로 클라우드 서버를 잘 갖추는 일이 얼마나 중요한지 한 번 겪었는데도 비슷한 상황이 반복됐으니까요. 정부가 더는 지체하지 말고, 클라우드라는 혁신을 적극적으로 도입할 필요가 있다고 생각합니다.

스타트업 엑셀러레이터 '스파크랩' 통해 후배 창업자도 육성

2012년 호스트웨이를 매각하고 2015년 베스핀글로벌을 창업하기 전, 이 대표는 한국에서 스타트업 액셀러레이터 **스파크랩**을 만들었다. 스타트업 엑셀러레이터는 벤처 투자의 단계 중 시작 단계의 기업에 투자하는 투자사다. 스파크랩은 2010년대 초반, 한국에서도 스타트업들이 등장하던 때에 초기 스타트업 투자 생태계를 만든 투자사로 꼽힌다. 이 대표는 '호스트웨이 매각 후 미국에서 동종업계에 취업이 금지된 3년 동안 의미 있는 일을 하고 싶었다'고 스파크랩을 시작한 이유를 설명했다.

무슨 일이 좋을까 고민하다 보니, 웹호스팅 사업을 하면서

창업가 수업

만났던 수많은 스타트업이 생각나더군요. 카카오톡을 운영하는 카카오와 내비게이션 업체 김기사가 호스트웨이의 고객사였거든요. 이런 스타트업들과 이야기하면서 초기 기업들이 무엇을 필요로 하는지 공통점을 발견했어요. 초기 스타트업들은 우선 돈이 필요했고, 사업에 대해 조언을 구할 멘토가 절실했고, 해외로 사업을 확장하고 싶어 했어요. 하지만 이런 도움이 필요한 창업자들이 믿고 조언을 구할 만한 곳이 그 당시 한국엔 없었어요. 그때 저는 호스트웨이를 매각해서 돈이 있었고, 해외에서 사업을 해 봤으니 경험과 네트워크도 나눠 줄 수 있겠더라고요. 내 경험을 전해 주는 사업 멘토링을 하되, 미국의 와이컴비네이터*를 본떠 시스템화해 보자는 생각으로 시작했습니다.

스파크랩은 매년 2기수씩 창업팀을 선발해 투자와 사업 멘토링을 하고 있다. 지금까지 총 16기, 150개 팀에게 멘토링을 했고, 주요 사례로는 **미미박스, 발란, 피치스, 케어닥** 등이 있다.

이 대표가 스타트업에게 조언하는 것 중 하나는 '좋은 멘토를 회사의 고문으로 영입하라'는 것이다. 빠르게 성장하는 초기 기업이 난관에 부딪혔을 때 도움을 요청할 사람이 가까이에 있는 것이 중요하기 때문이다. 베스핀글로벌에는 이 대표의 아버지인 이해민 전 삼성전자 사장이

---

*   실리콘밸리의 창업사관학교로 불리는 미국의 글로벌 엑셀러레이터

회장으로 재직하면서 고문 역할을 맡고 있다.

중요한 결정해야 할 때 회장님이자 아버지께 조언을 구합니다. 아버지는 삼성전자가 지금보다 훨씬 작은 기업이었던 1970~1980년대의 모습을 기억하시죠. 작은 기업이 글로벌 기업이 되는 과정에서 일하셨으니까요. 궁금한 점을 여쭤보면 당시 삼성전자가 어떤 고민을 했고 어떤 결정을 내렸는지 이야기해 주십니다. 답을 직접 듣기보단 고민과 해결의 구조를 간접적으로 얻을 수 있고, 이것이 베스핀글로벌의 중요한 결정에 큰 도움이 됩니다. 이런 조언을 아버지께 구할 수 있으니 저는 사업가로서 매우 운이 좋죠.

한국의 창업 생태계가 발전하려면 '실패 비용'을 낮추는 노력이 사회 전반에서 이뤄질 필요가 있다고도 했다. 그래야 더 많은 이들이 용기를 내 창업에 도전할 수 있기 때문이다.

미국 실리콘밸리에선 창업이 활발하죠. 미국인들이 한국인보다 더 용기있기 때문일까요? 그렇지 않습니다. 실패 비용이 낮아서 더 적은 용기를 가지고도 시도할 수 있는 것입니다. 미국은 창업을 해 본 경험 자체를 존중해 주기 때문에 실패 경험이 그다음 단계의 일을 하는데 좋은 발판이 되죠. 하지만 한국은 실패는커녕 실수도 용납하지 않는 사회입니다. 이런 환경에서는 새로운 아이디어가 나오기 어렵죠. 도전과 실패에 관대한 사회, 창업자의 실력을 인정해 주는 사회가 될 필요가 있습니다.

규모도 영향력도 커진 스타트업
사회적 책임도 함께 고민해야

베스핀글로벌은 2021년 2월 서울상공회의소 부회장단에도 합류했다. 당시 김범수 카카오 이사회 의장과 김택진 엔씨소프트 대표이사가 부회장단에 들어가서 화제가 됐는데, IT, 게임업계 인사가 상의에 들어가게 된 것은 이 대표가 최태원 SK그룹 회장(대한상의 회장)과 이야기를 나누면서 시작됐다. 이 대표와 최 회장은 시카고대학교 동문이다.

IT와 미디어, 콘텐츠, 신기술을 다루는 기업들이 크게 성장했고, 제조업 기반의 전통 대기업에게도 이런 요소가 중요하니 함께 교류하자고 최 회장님께서 제안했습니다. 이 생각에 100% 동의해서 들어갔어요. 한편으론 스타트업도 이젠 하나둘 대기업이 되고 있으니 사회적 책임도 고민해야죠. IT 기업은 기존 기업과 어떻게 달라야 하는지 고민할 시점입니다. 사회적 가치에 대해 더 많이 고민하고 더 큰 사명감을 가져야 한다고 생각합니다. 재벌 기업들도 처음 시작할 땐 대한

민국의 산업화라는 사명감이 있었지만 어느 시점 이후부턴 시들해졌죠. 그러지 않으려면 늘 스스로 돌아보고 다잡아야 합니다. 모든 기업은 더 크고, 더 넓은 시장에서, 더 많은 이익을 내는 것을 목표로 해야 하지만 동시에 사회적 책임을 결코 저버리지 않아야 합니다.

새로운 사업에 끊임없이 도전하는 이 대표에게 앞으로의 목표가 무엇인지 물었다. 이 대표는 지금은 '클라우드 사업에 더 집중해서 미래를 선점하고 싶다'고 했다.

그동안 사업을 하면서 크게 실패한 적은 없어요. 어떻게 그럴 수 있었을까 돌이켜 보니, 저는 항상 '지금은 작더라도 빠르게 성장하는 산업'에 매력을 느꼈습니다. 잘 정비된 곳은 지루해 보였어요. 험하고 역동적인 곳을 좋아했죠. 자연스럽게 미래에 성장할 사업 아이템을 선택할 수 있었습니다. 지금은 그 미래가 클라우드라고 생각합니다. 우리나라에서도 전 세계를 주름잡는 넘버원 소프트웨어 회사가 나왔으면 좋겠는데, 그 회사가 베스핀글로벌이었으면 좋겠습니다. 클라우드라는 패러다임 시프트를 통해서 미래를 만들고 싶습니다.

7장

스타트업
생태계
들여다보기

스타트업 창업자들은 어떤 사람들인가

최근 10년 사이 모바일 환경에 기반한 혁신 서비스들이 잇달아 등장하는 가운데, 우리나라의 대표적인 스타트업 창업자들의 절반은 국내외 주요 대학 출신으로 조사됐다. 네이버와 카카오 등 이미 대기업으로 선장한 IT 기업이나 대형 게임 회사를 거친 경력자도 상당수였다. 창의적인 아이디어로 승부하는 혁신 스타트업 생태계에도 출신 학교나 인맥 등의 변수가 적지 않은 역할을 하고 있는 것으로 풀이된다.

〈한겨레〉는 김도현 국민대 경영학부 교수 연구팀(김도현·이수용)과 공동으로 유니콘 기업(기업가치 1조 원 이상) 12곳과 300억 원 이상의 초기 투자 유치에 성공한 기업 등 국내 대표 스타트업 80곳을 대상으로 창업자 93명의 학력과 경력 등 주요 배경 특성을 전수조사했다. 이번 조사는 국내 스타트업 창업자들의 배경 특성을 처음으로 대규모 분석한 작업이다. 비상장기업인 탓에 정보 취합에 일부 한계가 있었으나, 공개 정보를 중심으로 창업자의 나이, 학력 등 기본 요소와 산업·기업 경력 등을 파악했다. 조사 대상 기업은 배달의민족 운영사 우아한형제들을 포함해 유니콘 기업 12곳, 스타트업 지원 기관 스타트업얼라이언스가 300억 원 이상 투자를 받았다고 정리한 기업들(2020년 11월 3일 기준), 중소벤처기업부가 2019년 상반기부터 2020년 상반기까지 세 차례 선정한 예비 유니콘 기업 중 300억 원 이상 투자를 받은 곳 등 80개다.

조사 결과, 창업자의 49.5%(46명)는 서울대·연세대·고려대·포항

공대·카이스트 등 국내 5개 대학과 미국 상위 30위권 대학 출신으로 집계됐다. IT 기업과 컨설팅사, 벤처캐피탈에서 일했거나 이미 창업을 경험하는 등 스타트업 생태계와 친숙한 분야 출신도 47.3%(44명)나 됐다. 특히 IT 기업 출신자(20명) 중 19명은 양대 포털(네이버·카카오)과 게임 '빅3'(넥슨·넷마블·엔씨소프트) 업체를 거쳐, 이들 기업 경력이 스타트업 창업의 '기초 자산'이 되고 있음을 알 수 있었다.

분석 작업에 참여한 이수용 박사(미국 노스캐롤라이나주립대 방문학자)는 "학벌이 가진 사회적 자본은 스타트업 창업에서도 '정보의 우위'를 가능하게 하고 '후광 효과'도 일으키기 때문"이라며 "다만 일부 창업자의 결과적 특성만을 보여 주는 데이터이므로 '학벌이 좋아야 창업에 성공한다'는 식의 인과관계는 말할 수 없다"고 설명했다.

모바일 환경으로 창업은 쉬워졌지만
성공이 반드시 보장되지는 않는다

끼니때가 되면 배달의민족에서 음식을 시키거나 마켓컬리에서 장을 본 식재료로 요리를 한다. 출근은 공유 오피스 패스트파이브로, 퇴근길엔 이웃과 만나 당근마켓 중고물품을 사고판다. 영화가 보고 싶으면 왓챠, 텔레비전 대신 샌드박스의 크리에이터가 만든 유튜브 영상을 본다. 주말에는 쏘카에서 빌린 차를 타고 야놀자에서 예약한 숙소에 간다. 약속을 마치고 밥값을 정산할 땐 토스로 송금, 끝.

2010년 무렵부터 본격 등장한 국내의 모바일 기반 서비스들은 2020년대 우리의 일상을 깊숙이 파고들었다. 해당 서비스 업체들은 스타트업이란 단어가 무색하리만큼 단기간에 폭발적으로 성장했다. 이런 '스타트업 붐'이 처음 시작된 건 2008년께 미국 실리콘밸리다. 페이스북, 우버, 에어비앤비, 드랍박스 등 서비스 기업을 태어나게 한 창업 붐은 '스마트폰의 등장'과 '풍부한 자금'이라는 두 가지 요소가 맞물려 있다.

기존의 웹 기반 창업은 2007년 아이폰이 출시되면서 모바일 기반으로 전환됐다. 모바일에서는 웹보다 가볍고 빠르게 서비스를 구현할 수 있어 창업에 드는 각종 비용 부담이 과거보다 크게 줄어들었다.

자금 측면에서 살펴보면 장기간 저성장 국면이 계속되면서 정부와 전통 대기업이 새로운 경제 성장의 동력을 찾기 위해 벤처투자에 자금을 쏟아붓고 있는 것이 세계적인 흐름이다. 기술과 자금이라는 두 가지 차원에서 쉽고 빠른 성장의 토대가 만들어진 것이다. 이를 바탕으로 큰 성공을 거두는 스타트업이 나왔고, 막대한 자본의 이익이 발생하자 스타트업 생태계에 더 많은 창업가와 자본이 몰리는 구조로 현재의 창업 붐이 진행 중이다. 한국에서도 마찬가지다. 그렇다면 지금 우리의 일상을 지배하는 서비스를 탄생시킨 주인공들은 어떤 사람들일까.

스타트업 투자에서 가장 중요한 것은
창업자에 대한 믿음이다

사업계획서 한 장을 보고 결정해야 하는 스타트업 투자에서 가장 중요한 건 결국 창업자에 대한 믿음입니다. 출신 학교는 좋은 교육을 받았다는 것뿐만 아니라 사업을 성공적으로 이끌어 줄 좋은 인적 네트워크도 갖췄으리라는 기대 등 생각보다 많은 것을 말해 주는 게 현실이죠. 수조원대 적자를 내던 쿠팡에 계속 투자금이 들어갔던 것도 이런 이유입니다. 학벌은 일정한 기준보다 더 많은 것을 말해 주죠.

과학기술정보통신부 산하 스타트업 지원 기관인 본투글로벌센터 김종갑 센터장의 이야기는 2020년 한국의 스타트업 현실에서 고스란히 되살아난다. 이번 조사에서도 '학벌 좋은' 창업자 현상은 뚜렷했다. 조사 대상자 절반의 출신 학교는 국내 5개 대학과 미국 상위 30위 대학('유에스 뉴스 앤드 월드 리포트 2020' 기준)에 집중됐다. 토스 운영사 비바리퍼블리카의 이승건 대표(서울대 치대), 샌드박스 나희선 대표(연세대 법대), 직방 안성우 대표(서울대 통계학과), 마이리얼트립 이동건 대표(고려대 경영학과), 왓챠 박태훈 대표(카이스트 전산학과) 외에도 하버드대 출신의 김범석·윤선주·고재우 쿠팡 공동창업자 등이 대표적이다.

이런 현상은 이수용 박사의 경영학 박사학위 논문 '벤처캐피탈리스트의 의사결정 기준에 관한 연구(2019)'에서도 나타난다. 이 박사가 국내

120개 벤처캐피탈의 투자심사역 263명을 조사한 결과, 심사역들이 투자를 결정할 때 가장 중시하는 것은 창업자의 학벌이었다. 이 박사는 "벤처기업의 창업자가 명문대 졸업을 통해 형성한 사회 엘리트 집단의 네트워크와 같은 창업자의 인맥 요인이 신생 벤처기업의 제품, 서비스에 대한 불확실성을 충분히 상쇄시킬 것으로 보고 있음을 확인했다"고 말했다.

학맥으로 연결된 네트워크는 정부 획득에도 유리한 요소다. 이 박사는 "이번 조사 대상 기업의 창업 시기는 2006년부터 2015년 사이(78.8%, 63곳)에 집중돼 있다"며 "스마트폰이 널리 보급된 2010년 중반 이후를 보다 개방된 사회로 보는데, 이들은 모바일 시대 이전 혹은 초기에 학벌을 바탕으로 쌓인 인맥 등 사회적 자본에서 기인하는 정보를 밑천 삼아 남들보다 먼저 창업에 뛰어들어 우위를 차지한 것으로 보인다"고 설명했다.

2019년 여름 불거진 배달대행 서비스 부릉 운영사인 메쉬코리아의 유정범 대표의 학력 위조 사건도 창업 생태계가 학벌을 우선시하는 흐름과 무관치 않다. 유 대표는 중앙대학교를 졸업했지만, 중앙대가 아닌 고려대학교 중퇴 후 미국 컬럼비아대학교를 졸업했다고 밝혀 왔다. 뉴욕 딜로이트 본사에서 2년간 근무했고 컬럼비아대학 경영대학원(MBA)에서도 재학했다고도 했다. 하지만 뉴욕 딜로이트 본사 근무는 사실 무근이었고, 컬럼비아 경영대학원에도 입학한 사실이 없었다. 논란이 커지자 유 대표는 "집안 형편상 원하는 대학에 입학할 수 없었고 2014년 컬럼비아 학위를 받기까지 여러 차례 편입 과정이 있었다. 병역특례 기간까지 더해 길고 긴 학업 기간이 콤플렉스였고 이를 감추기 위해 사실을 왜곡하고 부풀렸다"며 "사업이 성과가 나기 시작하면서 지난 과오를 인정받을 것이란 생각도 했다. 이제는 마음 속 깊이 잘못을 인정하고 지난 삶을 돌아보겠다"는 사과문을 발표했다.

이 사건과 관련해 이기대 스타트업얼라이언스 이사는 "학력위조는 개인의 일탈로 보는 것이 타당하고 자주 일어나는 일은 아니다"면서도 "창업자가 왜 이런 거짓말을 하게 됐는지를 들여다보면 들키지 않았을 때 얻을 수 있는 기댓값이 큰, '범죄의 실익'이 분명하기 때문"이라고 설명했다. 그는 "초기 스타트업은 기업을 평가할 만한 지표가 창업자의 학력과 경력 말곤 없으니 명문대 졸업장이 있을수록 업계의 평판이 달라진다. 그만큼 학력이 고평가되는 것이 현실"이라며 "때문에 학력을 위조하면 어떨까 하는 유혹을 느낄 수 있지만 이는 초기 단계를 지나고 그 기업의 존재가 가시화될 정도로 성장하게 되면 들통날 수밖에 없다"고 설명했다.

능력 평가의 결과 vs 20년 전보다 나아져

국내 스타트업 생태계의 '학벌 사회' 경향을 두고선 업계 전문가들 사이에서 다양한 평가가 나온다. 이성화 GS리테일 신사업부문장(상무)도 "학벌의 중요성엔 동의한다"면서도 결과론이라고 못박았다. 창업팀을 상대로 시장에 존재하는 문제를 발견해서 해결하고 사업을 성장시키는 성실성, 끈기, 책임감 등 '문제 해결력'을 평가하다 보면, 결과적으로 열심히 공부했고 머리가 좋은 고학벌 창업자들이 이런 능력을 갖고 있더라는 말이다. 이 상무는 "투자를 결정할 때는 창업팀이 하고자 하는 사업이 얼마나 큰 시장을 갖고 있는지, 이 사업을 실제로 키워갈 창업팀이 얼마나 역량이 있는지 크게 두 가지를 보는데, 일을 시작해 보면 처음에 세웠던 가설을 수정해야 하는 경우가 많이 발생한다. 예상치 못한 상황에서 다른 사업으로 피봇팅을 얼마나 빠르게 잘할 수 있는지 등의 능력이 시장 규모보나 너 중요하다. 이런 능력이 있는 창업자가 학벌이 좋은 이들 사이에서 더 많이 나오는 것은 자연스러운 결과"라고 설명했다.

모바일 기반 창업은 '기술 역량'을 갖추는 것이 필수 요소여서 학력이 좋은 창업자에게 유리하다는 얘기도 있었다. 예전엔 사업을 한다고 하면 맨손으로 공장을 세우고 판로를 뚫는 식의 성공 스토리가 가능했지만, 2007년 아이폰 등장 이후로 열린 창업 시장에서는 이런 기대를 하기가 어렵다. 이기대 이사는 "제2창업붐에서는 개발자와 최고기술책임자(CTO)의 존재가 창업의 필수 요소"라며 "인공지능을 개발하는 수준이 아니더라도, 모바일 서비스를 기획하고 운영하기 위해서는 단순히 웹 사이트를 만드는 수준보다는 더 뛰어난 기술 전문가가 필요하다. 기술 역량을 확보하고 있는 카이스트 등 기술 특성화 대학 출신 창업자가 강세를 나타낼 수밖에 없다"고 설명했다.

약 20년 전인 2000년 전후의 이른바 '닷컴붐' 시절과 견줘 학벌의 영향력이 외려 줄었다는 견해도 있다. 인터넷 기반의 1세대 창업 환경과 모바일 기반의 창업 환경 사이엔 상당한 차이가 있다는 게 이런 판단의 근거다. 정신아 카카오벤처스 대표는 "지금과 같은 모바일 시대엔 개발만할 수 있으면 창업이 가능하기 때문에 오히려 문턱이 낮아졌다"며 "닷컴

시절엔 대기업이나 외국계 기업 출신이 주로 창업을 했고, 학벌 등 배경이 따라 주지 않으면 소창업에 머무르는 분위기가 강했다"고 말했다. 송은강 캡스톤파트너스 대표도 "과거엔 대기업에 납품하는 B2B 창업이 대부분이라 대기업 재직 경험이 있어야 유리했다. 지금은 기업이 직접 고객을 갖는 B2C 창업이 많아진 터라 특정 배경을 갖추지 못해도 창업을 해볼 수 있다"고 평가했다.

여성 창업자에겐 여전히 높은 창업의 문턱

여성 창업자가 극히 드문 점도 눈에 띈다. 조사 대상자 93명 가운데 여성은 김슬아(마켓컬리), 윤자영(스타일쉐어), 김연정(트리플) 대표 3명뿐이었다. 성공한 여성 창업자가 적은 이유에 대해 김지영 스타트업여성들의 일과삶 대표는 "사회도, 여성들 스스로도 모두 유리천장을 갖고 있는 것 같다"고 말했다.

여성 창업자들은 좋은 기회가 주어졌을 때 공격적으로 기회를 잡으려고 하기보다는 '내가 정말 자격이 있나?', '더 잘하려면 어쩌지?' 같은 자기 의심이 먼저 작동해 기회에서 한 발짝 스스로 물러나곤 합니다. 또 벤처투자업계는 아직도 여성 심사역이 10% 이하에 머무는 등 남성 중심적 문화가 강고합니다. 가령, 초기 투자를 받으려는 여성 창업자들에게 '시맥에서 사업하는 걸 반대하지 않냐'는 등의 질문을 하거나 투자에 호의적이지 않은 태도를 보여 여성 창업자들이 성장할 기회 자체를 얻지 못하는 일도 여전히 많습니다.

취재 과정에서 만났던 여성 창업자들은 자신이 여성 창업자라고 명명되는 것에 큰 부담감을 느꼈다. 투자 유치 등 사업 확장시키는 과정에서 여성이라서 겪는 어려움이 분명히 있기 때문에 결혼을 했거나 자녀가 있다는 사실을 가능한 한 말하지 않고 있다고 했다. 남성 창업자들이 결혼 여부나 자녀 유무를 자연스럽게, 거리낌 없이 말하는 것과 큰 차이가 있다. 한 여성 창업자는 이렇게 털어놨다.

여성이라는 성별과 가족에 대해 크게 의식하지 않고 활발히 사업을 해 왔는데, 남자 개발자들을 이끌면서 일하는 모습을 보고 당연히 미혼이라고 생각하더군요. 불가피한 상황에서 결혼했다는 사실을 밝혀야 하면 기혼이라는 이야기는 하지만 자녀가 있다는 사실이 알려지는 순간 실제로 사업에 타격이 오기 때문에 자녀가 있다고 말할 수 없어요.

투자자들은 당연히 미혼 창업자라고 생각하는데, 이 기대가 깨지는 순간(일 외에 집중해야 할 가족과 자녀가 있다는 사실이 알려지는 순간) 투자 유치에 불리한 요소로 작용한다는 것이다. 실제로 투자심사 면접에서도 여성 창업자에게는 자녀 양육 방식이나 시댁과의 관계를 물어보는 일이 많지만, 남성에겐 묻지 않는다고 덧붙였다.

하지만 임정욱 티비티(TBT) 공동대표는 앞으로는 달라질 것이라고 전망했다. 여성 창업자들이 주로 뛰어든 '사업 영역'을 감안해 보면 앞으로 성공한 여성 창업자가 늘어나는 것은 시간 문제라는 얘기다. 여성 창업자들은 트리플, 컬리, 스타일쉐어처럼 빠른 시간 안에 규모의 성장이 가능한 플랫폼 비즈니스에 뛰어들기보다는 주로 육아 등 영역에서 생활 속의 불편을 풀어 주는 틈새시장에서 창업하는 경우가 많은 게 현실이라고 임 대표는 분석했다. 그는 "이런 사업은 큰 기업으로 성장하려면 시간이 필요한 한편, 최근 역량 있는 여성 창업자들이 스타트업에 뛰어드는 사례가 눈에 띄게 늘었기 때문에 시간이 좀 더 지나면 제2, 제3의 김슬아가 나올 수 있을 것"이라고 전망했다.

30대 국외파가 스타트업의 주축

'국외파'의 움직임이 유독 활발한 것도 2010년대 이후 국내 스타트업 생태계의 주된 특징이다. 1983년생으로 민족사관고등학교를 다니다가 미국 유학길에 나서 웰즐리대에서 정치학을 전공한 김슬아 마켓컬리 대표가 대표적이다. 카카오페이지와 소프트뱅크 덕분에 760억 원 투자 유치에 성공한 래디쉬의 이승윤 대표는 영국 옥스퍼드대 정치철학과를 졸업했다. 이기대 이사는 "국외 명문대 졸업생들은 창업이 커리어의 한 갈래로 자리를 잡았다"며 "2000년대 중후반 유학 붐 때 주로 미국으로 건너간 유학

생들이 이런 모습에 영향을 받은 것으로 보인다. 당시 유학 붐의 수혜자들인 현재 30대 초중반이 지금 한국 스타트업의 주축"이라고 말했다.

해외 경험은 '명문대 유학생 네트워크'뿐만 아니라, 급변하는 모바일 환경 속에서 스타트업이 벌이는 '사업의 신규성'과 관련해서도 유리한 측면이 있었다. 이수용 박사는 "벤처캐피탈의 투자심사역은 '해외에는 존재하지만 국내에는 아직 존재하지 않는 사업 모델'을 선호한다. 안정적 투자가 가능하기 때문"이라며 "국외 체류 경험이 있는 창업자가 이런 사업을 잘할 것이라고 보고 투자를 결정하는 것 같다"고 말했다. 실제로 김범석 대표와 신현성 대표는 2008년 미국에서 성공한 소셜 커머스 스타트업 그루폰의 성공에 자극을 받고 한국으로 돌아와 2010년 쿠팡과 티몬을 창업했다.

삼성·LG 출신에서
네이버·카카오 출신으로

IT 기업이나 벤처캐피탈 등 스타트업 생태계와 밀접한 분야에서 경력을 지닌 창업자들이 상당수인 점도 눈에 띈다. 특히 이번 조사에선 2000년 전후 삼성(삼성SDS)과 LG(LG CNS) 등 재벌 계열사 출신들이 잇달아 벤처 성공 신화를 써 내려온 전통이 새롭게 변주되고 있는 사실도 확인됐다. 조사 대상자의 약 20%가 네이버와 카카오 혹은 국내 게임 회사 '빅3' 경력을 갖고 있는데, 이들 기업은 과거 삼성과 LG의 IT 계열사 출신들이 중심이 되어 만들었다는 공통점이 있다.

정신아 대표는 "IT 기업은 벤처기업으로 시작했기 때문에 창업의 DNA가 여전히 살아 있고, 퇴사 뒤 창업에 성공한 사례가 많다 보니 직원들에게 '나도 한 번'이라는 동기 부여가 되는 것 같다"는 견해를 밝혔다. 서비스 기획, 고객 발굴 등 IT 기업에서 근무하면서 배운 점들을 창업에 직접 활용할 수 있는 점이 유리하고, 이제는 규모가 커진 IT 기업들이 신사업에 대한 위험을 부담스러워하는 경향도 있어서 여기서 기인한 답답함 때문에 회사를 나와서 창업에 뛰어드는 경우도 많다는 말이다. 하지만 IT 기업 출신이 창업자가 되는 일이 새로운 모습은 아니라고 했다. 과거 닷컴붐 시절에도 앞선 기술을 경험할 수 있는 삼성SDS나 LG CNS 출신 창업자가 많았고, 그렇게 태어난 대표 기업이 네이버와 카카오라는 것이다.

이기대 이사도 IT, 게임 기업에 재직한 경험 자체가 창업에 유리한 조건이라고 설명했다. 이 이사는 "전통 대기업에서 일하면 좁은 분야의 전문가가 되고, 그 업무는 사업화를 할 정도로 임계 질량이 형성되지 않는다. 하지만 IT 대기업이나 게임 회사의 업무 방식은 직원이 일하는 단위를 떼어내 보면 바로 창업이 가능한 수준이 될 수 있다"고 설명했다. IT 게임 회사 직원들을 일종의 창업 예비군으로 봐야 한다고도 했다. 언제든지 스타트업 창업이 가능한 환경에 있기 때문이다. 이 이사는 "부부 중 1명은 판교 기업에 다니고 1명은 창업을 하는 형태도 자주 보인다"며 "IT 게임 회사들은 전통 대기업에 비해 직원의 창업에 거부감도 적다. 퇴사하고 창업하는 직원을 배신자로 보지 않고, 근로계약 자체를 서로 잠시 일을 하다가 조건이 바뀌면 헤어졌다 또다시 만날 수 있는 관계로 본다. 창업에 대한 심정적 두려움과 저항이 적다"고 말했다.

기술(개발) 분야 이외의 경력자들이 창업에 적극적으로 나서는 것도 한 특징이다. 벤처캐피탈 투자심사역 출신(5명·5.4%)인 박지웅(패스트트랙 아시아) 대표나 컨설팅사 출신(13명·14%)인 윤성혁(에스티유니타스) 대표와 강석훈(에이블리) 대표 등을 꼽을 수 있다. 이성화 상무는 "컨설팅사가 하는 일은 클라이언트 기업이 문제를 헤결하려면 구성원을 어떻게 움직이면 되는지 방법을 제시하는 것이다. 이런 고민을 해 본 경험은 창업한 회사가 커질수록 강점이 될 수 있다"고 설명했다. 이어 "과거에는 컨설턴트들이 경력 개발 코스로 대기업 이직, MBA 과정 이수, 사모펀드를 주로 택했다면, 요즘 주니어 컨설턴트들은 대부분 사업을 희망하는 분위기"라고 덧붙였다. 심사역 출신 창업자들에 대해서는 "투자회사에서 일하면서 수많은 사업 모델의 성공과 실패를 보며 풍부한 간접 경험을 하게 되는 강점이 있고, 투자한 회사들이 크게 성장하는 모습을 보면서 '나도 한 번'이라는 동기부여가 될 수 있다"고 설명했다. 이미 창업을 경험해 본 경우(13명)와 관련해 이 박사는 "성공뿐만 아니라 실패 경험도 기업 발전의 긍정적인 요인"이라고 말했다.

기술 창업이 더 많아져야
오랫동안 튼튼하게 생존하는 스타트업 생태계가 된다

80개 기업 중 원천기술을 개발하는데 집중하는 '기술 창업'기업은 15개로 전체의 18.6%에 그쳤다. 김종갑 센터장은 "기업의 지속가능성이라는 측면에서 보면 서비스 창업보다는 기술 창업이 더 많아질 필요가 있다"고 지적했다. 지금까지 성공한 스타트업의 상당수는 오프라인에서 이뤄지던 유통 과정을 그대로 모바일로 옮기면서 새로운 수익 모델을 세워서 돈을 버는 '서비스 창업'이다. 해외에서 먼저 성공한 것을 그대로 가져와서 하는 카피캣 형태의 사업도 많다. 2021년 3월 나스닥에 상장한 쿠팡이 대표적이다. 김 센터장은 "이런 형태는 뛰어난 기술이 없어도 사업이 가능해 문과 전공자도 창업으로 큰 이익을 낼 수 있다"면서 "1등만 살아남는 승자독식의 속성이 있어서 기업의 지속가능성이 떨어지고, 단명하는 기업은 지속적인 성장과 일자리 창출이 어렵다"고 말했다.

이에 김 센터장은 "미국의 HP, 시스코 같은 기술 창업 회사들을 보면, 창업자가 죽어도 회사와 기술은 남는다. 장기적으로 보면 이런 회사들을 많이 만드는 것이 스타트업 생태계에도 도움이 될 것"이라고 했다. 성공한 기술 창업 스타트업을 찾아보기 힘든 이유로는 "짧은 투자 사이클"을 지적했다. 한국의 벤처투자 펀드 사이클은 보통 7년 주기여서 3~4년 동안 투자를 하고, 2년 동안 사업 성과를 봐서 엑시트를 하는 구조로 돌아간다. 김 센터장은 "7년 주기의 펀드 사이클은 기술 창업에서 성과가 나기 짧은 시간이다. 그러니 짧은 주기 안에 성과가 빨리 날 수 있는 서비스 창업에 투자금이 몰리는 것"이라며 "미국 펀드의 라이프 사이클은 최소 10년으로 우리보다 길다. 투자하고 기다려 줄 시간이 충분하다. 한국도 투자자들이 더 긴 호흡으로 기술 개발과 그 성과를 기다려 줄 수 있도록 투자의 토양이 개선될 필요가 있다"고 말했다.

다양성이 더 건강한 창업 생태계를 만든다

화려한 경력보다는 전문성으로
성장 가도를 달린다

국내외 명문대를 다녔거나 화려한 경력 없이도 커다란 성공을 거둔 창업자들도 많다. 이번 조사 대상 가운데서는 김봉진 창업자(우아한형제들), 이수진 대표(야놀자), 김재현 공동대표(당근마켓), 우상범 대표(메이크어스), 정세주 대표(눔), 양태영 대표(테라펀딩) 등의 사례가 그랬다.

이들은 누구보다도 자신이 전문성을 갖춘 영역에서 회사를 일군 경우다. 이수진 대표는 모텔 청소부로 일하며 운영했던 모텔 정보 커뮤니티를 유니콘 기업으로 키워 냈다. 조만호 대표가 창업한 무신사도 조 대표가 고등학생 때 시작한 신발 등 패션 사진을 공유하는 커뮤니티가 쇼핑몰이 포함된 종합 패션 서비스로 확대된 경우다. 대학 시절 콘서트 등 공연 기획 일을 하다가 모바일 비디오 콘텐츠 플랫폼 딩고 등을 만든 메이크어스의 우상범 대표도 마찬가지다. 이기대 스타트업얼라이언스 이사는 "좋은 학교나 좋은 직장 경력을 갖진 못했지만 사업을 크게 키운 창업자들은 특정 영역에서 한 우물을 파고 부족한 인맥과 배경을 보완할 만한 끈기를 지녔다는 점이 공통적"이라고 말했다.

하지만 2010년대 후반으로 올수록 이런 성공사례는 더 이상 찾아보기 힘들어지는 추세다. 국내 스타트업 생태계의 성공 경로가 갈수록 좁아지고 있다는 의미다. 이성화 GS리테일 신사업부문장(상무)은 이런 현상을 '선발주자의 이점'으로 설명했다. 이 상무는 "2015년을 기준으로 2010년 대를 두 단계로 나눠서 보면, 2015년 이전에는 모바일 앱에 무주공산인 영역이 많았다. 오프라인 서비스를 가장 먼저 온라인화 한 사람이 '퍼스트 무버 어드밴티지'(선발주자의 이점)를 누리며 성공했지만 이제는 웬만한 사업 모델은 이미 출시가 되어서 성공을 거두려면 더욱 차별화하거나 더 뛰어난 역량을 갖춰야 한다"며 "모바일 기반 창업 시장이 열린 뒤로 창업의 난이도는 크게 낮아졌지만, 시간이 갈수록 창업 성공의 난이도는 점점 더 올라가고 있는 것"이라고 분석했다.

국내 스타트업 생태계를 더욱 건강한 환경으로 만들려면 창업자의 저변을 크게 넓히는 방안을 고민해야 한다는 지적도 나온다. 김도현 국민대 교수(경영학)는 "특정 학교 출신이나 특정 산업 경험을 가진 이들이 성공한 창업자의 상당수를 차지한다는 것은 그것이 갖는 의미를 들여다볼 필요가 있다. 학벌은 특정 학교에 다니면서 쌓은 인적 네트워크가 스타트업을 키우는데 도움이 될 것이라는 기대가 반영되기 때문이고, 컨설팅 기업 등 금융권 출신이나 IT 기업에 다닌 이들은 회사를 다니면서 창업에 도움이 되는 산업 경험을 했을 것이라고 보기 때문"이라며 "학벌과 특정 직업이 아닌 방식으로 경험과 인맥을 쌓는 방식을 사회가 어떻게 제공해 줄 수 있을지 고민할 필요가 있다"고 말했다.

이기대 이사는 각 대학 창업보육센터의 내실 있는 운영을 주문했다. 이 이사는 "그동안 정부가 막대한 예산을 들여 사실상 전국의 모든 대학에 창업보육센터를 만들었지만 제대로 운영되는 곳은 거의 없다"며 "본

보기가 될 수 있는 선배 창업자와의 접점을 찾아 주는 등 창업교육을 실질화할 필요가 있다"고 말했다.

여성기업에 투자해야 할 이유, '젠더렌즈' 쓰면 보입니다

충분한 능력을 갖췄지만 젠더를 이유로 차별을 받으며 생기는 '유리천장'은 스타트업 생태계에도 강고하게 존재한다. 중소벤처기업부가 2021년 2월 발표한 '2020년 연간 창업기업 동향'을 보면, 여성 창업기업 비율은 전체의 46.7%(69만 3,927개)였다. 하지만 한 걸음 더 들어가 성장의 핵심인 투자 유치와 관련한 수치를 살펴보면 여전히 갈 길이 멀다. 스타트업 미디어 스타트업레시피가 작성한 '스타트업레시피 투자리포트 2020'은 2020년 투자 유치에 성공한 여성 창업기업은 전체의 6.6%인 54건에 불과했고, 투자를 받은 금액도 총 3,313억 원으로 전체의 8%에 머물렀다고 집계했다.

이러한 젠더 편향성을 깨고자 지난 2018년 국내 임팩트 투자사(재무 성과와 사회 성과를 함께 추구하는 투자사) '소풍'과 '옐로우독'은 선도적으로 '젠더렌즈 투자'를 도입했다. 젠더렌즈 투자는 투자자가 젠더 편향적으로 투자를 한다는 관행을 인지하고, 젠더 평등적인 관점에서 투자를 집행하는 방식이다. 여성이 창업하거나 공동대표로 있는 기업이나, 여성과 관련된 서비스를 운영하는 곳에 투자를 한다.

여성전용 펀드 결성했던 옐로우독, 이제는 젠더렌즈 투자를 기본으로

2018년 12월, 옐로우독은 국내에서 처음으로 여성 창업가에게 투자하는 전용펀드 '힘을싣다 투자조합'을 결성했다. 제현주 옐로우독 대표는 "투자사로서 좋은 기업을 발굴해 투자를 하다 보니 자연스럽게 여성이 창업한 기업에 많은 투자금이 들어가고 있었고 이런 투자에서 수익도 잘 나고 있었다"며 "여성 창업가 펀드를 별도로 운용하는 것이 좋은 투자 전략이라고 판단했다"고 펀드 결성의 배경을 설명했다. 풀무원, 유니베라 등 민간 영역에서 출자한 이 펀드는 민금채 대표가 창업한 식물성 고기 제조·판매기업 지구인컴퍼니 등 9개 기업에 투자했다.

옐로우독은 여성 전용 펀드를 결성하는 것에서 한발 더 나아가, 앞으로 모든 투자심사에 젠더 관점을 적용하고 여성 창업자뿐만 아니라 여성 소비자, 노동자까지 더 넓은 영역을 젠더렌즈를 통해 보겠다는 방침을 정했다. 젠더렌즈 투자를 특별한 것이 아닌, 기본으로 삼겠다는 취지다. 단순히 세상의 절반인 여성을 고려하기 위해서만이 아니다. 젠더를 고려한 투자가 더 큰 이익을 가져오기 때문이다.

제 대표는 "여성 소비자를 더 잘 이해하는 기업은 사업을 더 잘할 수 있고, 여성 노동자에게 좋은 기회 제공하는 기업은 더 훌륭한 재능이 있는 이들을 확보할 수 있다. 이런 사업을 하는 이들이 여성이라는 이유로 불공정하게 저평가되었다면 이들을 발굴해 투자하는 것이 투자사에게도 유리하다"고 말했다. 이러한 이유로 "젠더렌즈 투자는 실력 있는 투자자라면 당연히 할 수밖에 없다"고 강조했다.

그동안 투자자들이 의식적으로 여성을 차별하고 배제하려고 하진 않았을 겁니다. 하지만 비즈니스를 포함한 세상의 질서가 표준성별을 남성으로 상정하고 있기에 여성 등 소수 젠더에게 불리한 결정이 내려지기가 쉽죠. 이런 편향이 있을 수 있다는 사실을 인정하고 젠더렌즈를 쓰면 안 보이던 시장 기회가 새롭게 보입니다. 좋은 투자자라면 젠더렌즈를 쓰지 않아도 여성 관련 기업에 투자할 수밖에 없죠.

여성 창업가들은 더 적은 투자금으로
더 큰 이익을 냅니다

여성 창업자에게 더 적은 투자가 이뤄지는 현상은 한국만의 일이 아니다. 2017년 미국 하버드대 경영대학원의 월간지 〈하버드 비즈니스 리뷰〉는 "창업자들은 성별에 따라 벤처캐피탈리스트에게서 다른 질문을 받고 이것이 펀딩 금액에도 영향을 미친다"며 "남성에게는 주로 잠재력을 묻고, 여성에게는 손실 가능성을 묻는 경향이 있었다. 이 차이는 여성 창업자들이 남성보다 7배 적게 투자받는 결과로 이어졌다"고 발표한 바 있다.

벤처투자업계에 여성 투자심사역이 적은 것도 한 원인으로 꼽힌다. 세계 최대의 여성 벤처캐피탈리스트 커뮤니티 '위민 인 브이시'(Women in

VC)에 따르면 2020년 10월 기준 미국의 여성 벤처캐피탈리스트는 전체의 4.9%에 불과하다. 한국의 여성 심사역 비율도 7% 정도로 파악된다.

하지만 여성에게 투자를 하면 더 많은 수익이 난다. 2018년 6월 보스턴컨설팅그룹이 펴낸 보고서를 보면 "여성 창업기업에 대한 투자는 평균 93만 5,000달러로 남성(210만 달러)의 절반에도 미치지 못했다. 하지만 여성 창업기업은 5년 동안 73만 달러를 벌어들이며 남성(66만 2,000달러)보다 10% 더 많은 수익을 창출했다"고 한다.

더 많은 이들이 '젠더렌즈'를 쓰면
더 큰 변화가 일어납니다

소풍은 2018년 3월 국내 최초로 '젠더렌즈 투자'를 도입하겠다고 선언한 뒤, 지난 3년 동안 젠더렌즈 투자를 했다. 지난 2018, 2019년에는 전체 투자의 33.3%, 50%를 여성 창업기업에게 투자하며 높은 비율을 유지했다. 하지만 2019년 말, 미디어 스타트업 엑셀러레이터 '메디아티'와 합병이 결정되고 투자 방식을 본계정 투자에서 펀드결성 방식으로 바꾸는 등 변화를 겪으며, 2020년에는 젠더렌즈 투자 비율이 20%에 그쳤다. 홍지애 투자심사역은 "젠더렌즈 투자의 필요성을 잘 아는 만큼, 어떻게 하면 젠더렌즈 투자가 우선순위에서 밀리지 않도록 할 수 있을지 돌아보고 반성하며 내부적으로 깊이 고민하고 있다"고 말했다.

이들은 그동안 젠더렌즈 투자의 성과로 높은 후속 투자율을 꼽았다.

창업가 수업

소풍에서 투자를 받은 여성 창업가들이 연속해서 후속 투자를 유치하는 비율은 50%로 소풍 전체 평균치인 43%보다 높다. 여성들이 창업에 뛰어드는 소재도 장애인과 관련된 서비스를 개발하거나 기술 기반 창업을 하는 식으로 다양해지고 있다.

홍 심사역은 투자 생태계에서 젠더 감수성 조금씩 높아지고 있다고 느낀다면서도 여전히 부족한 점이 많다고 말한다.

각종 심사에서 여성 심사위원의 비율이 낮거나 젠더 관점을 충분히 고려해야 한다는 걸 이해하지 못하는 경우가 아직도 많습니다. 또 젠더렌즈 투자를 직접 해 보니, 사업 내용이나 조직문화에도 젠더 관점이 녹아드는 것이 중요하다고 느꼈습니다. 다양한 성적 지향도 폭넓게 고려해야죠. 임팩트 투자는 혼자서 할 때보다는 여럿이 함께할 때 더 큰 사회 변화를 더 빨리 만들 수 있습니다. 벤처투자사와 각종 창업지원센터 등 스타트업 생태계의 다양한 참여자들이 함께 젠더렌즈를 쓰는 것이 무엇보다 필요합니다.

혁신을 만드는 또 다른 존재, 2030 스타트업 직원들

모바일 환경에 힘입어 생겨난 수많은 스타트업에는 혁신적 아이디어로 무장한 창업자뿐 아니라 새로운 무대에서 꿈을 펼치려는 수많은 청년이 모여든다. 이들에겐 미래(꿈)와 오늘(고민)이 공존한다.

민간 비영리기관인 스타트업얼라이언스가 데이터 조사·분석기관 오픈서베이와 공동으로 펴낸 '스타트업 트렌드 리포트 2020'은 이들의 현주소를 고스란히 보여 준다. 조사 대상 스타트업 종사자의 절반 가까이가 현 상황에 '만족'(38.0%) 혹은 '매우 만족'(7.6%)한다고 응답해, '불만족'(13.6%) 혹은 '전혀 불만족'(0.8%)이라는 답변을 크게 웃돌았다. 반면, 이들은 '자율적이고 수평적인 조직문화'(38.4%)를 최고의 장점으로 꼽으면서도 '급여 등 복리후생'(32.4%)을 가장 큰 불만으로 꼽았다.

국내 주요 스타트업에서 일하는 20~30대 직원 12명을 만나 이들의 생생한 목소리를 들어 봤다. 이들은 다양한 배경과 이유를 갖고 스타트업의 문을 두드렸다. 직원임에도 불구하고 '내 회사', '내 사업'이라는 생각으로 일하며 대체로 현재의 회사에 만족하고 있었지만 '이 회사에서 일을 하면 내가 성장할 수 있을까?' 스스로에게 물었을 때 부정적인 답변이 내려지면 이를 채워 줄 수 있는 회사를 찾아 자리를 박차고 나왔다. "워라밸 없이 일해도 회사와 내가 함께 성장한다면 상관 없지만, 남는 것 없이 일만 하게 될 때 열정페이가 된다"고 입을 모았다.

창업가 수업

워라밸보다는 '워크가 곧 라이프'

2030 직장인들이 스타트업으로 이직, 취업을 하는 공통적인 이유는 '주도적으로 일하고 싶어서'였다. 업력이 수십 년 쌓인 대기업이나 전통산업에서 종사하다가 스타트업으로 이직하거나 대학을 졸업하고 바로 뛰어든 경우 모두 이를 가장 주요한 이유로 꼽았다.

양희원(28세, 재직자 모두 가명)

삼성 관계사에서 일했던 제 첫 사회생활은 '여름휴가비를 벌러 출근했던 시간' 같았어요. 동료들과 가장 많이 하는 이야기가 휴가 일정과 휴가지 얘기였거든요. 저는 주도적으로 일을 하고 싶어서 취업을 한 것이었는데, 삼성 본사에 납품을 하는 회사다 보니 본사가 보내 주는 계약서를 검토하는 것 말곤 제가 할 수 있는 일이 없었어요. 개성을 표현하거나 새로운 일을 할 수 있는 환경이 아니라 많이 답답했죠. 다들 주어진 일만 하는 분위기인 직장에서는 열심히 일하면 욕심이 많다고 눈총을 받고, 제 생각을 말하면 '어린 친구가 뭘 안다고'라는 말을 듣게 되더라고요.

결국 2년 만에 퇴사를 했고, 지금은 인공지능 스타트업에서 일하고 있어요. 제일 좋은 점은 마음껏 열심히 일해도 되는 점입니다. 야근을 밥 먹듯이 하고 있지만 회사의 성장이 곧 나의 성장으로 이어진다는 생각이 들어서 힘들지 않습니다. 처음 스타트업으로 자리를 옮겼을 땐 연봉이 1,500만 원이나 깎였어요. 하지만 업무 역량이 쌓인 지금은 삼성 관계사 시절보다 더 많은 연봉을 받고 있습니다.

김한솔(31세)

제 주변에도 대기업에 취업해 희원 씨처럼 일하는 친구들이 많았어요. 재미없게 회사를 다니는 것 같다고 느꼈죠. 그런 친구들을 보면서 대기업에는 가지 말아야겠다고 생각하던 차에, 한 콘텐츠 스타트업에서 일할 수 있는 기회가 생겼어요. 큰돈을 벌진 못해도 2~3년은 재밌는 일을 해 봐도 좋을 것 같아서 지금 회사에 오기로 마음을 먹었습니다. 물론 부모님은 크게 반대하셨어요. '이름도 없고 돈도 적게 주는 곳에서 왜 그러고 있냐'고. 부모님은 당연히 'SKY 대학' 재학생들이 흔히 선택하는 고시 준비나 로스쿨 진학 같은 길을 원하셨으니까요.

스타트업에서 3년 반 일해 보니, 솔직히 급여는 좀 부족하지만 부족한 연봉을 충분히 채워 주는 '성취'를 경험했어요. 회사의 성장과 구성원의 성장이 동시에 이뤄지는 시기를 겪었거든요. 우당탕탕 일하며 시행착오도 많이 겪었지만, 열심히 일하다 보니 한 번씩 따르는 운과 경험이 모여서 지금은 회사가 자리를 잘 잡았어요. 작년엔 40억 원 규모로 시리즈 A 투자도 유치했죠. 처음엔 한 달 월급이 70만 원이어서 학자금 대출, 전세보증금 대출을 감당하느라 힘들었지만, 지금은 중견기업 직원 정도의 월급은 받고 있어요. 기회가 되면 저도 창업을 한 번 해 보고 싶다는 꿈도 생겼죠.

김지원(26세)

저는 대기업에 다니는 어머니를 보면서 대기업 취업 생각을 접었어요. 어머니가 다니는 대기업의 임직원 할인과 학자금 지원 등 복지혜택을 누리면서 자랐기 때문에 큰 회사를 다닐 때의 장점을 잘 알아요. 하지만 엄마를 통해 느끼는 '대기업의 경직성' 때문에 대기업은 서류도 내기가 싫더라고요. 좀 더 재밌게 일하고 싶어서 스타트업에 취업했습니다.

박영현(28세)

원래 방송국 피디가 되고 싶었지만 공채의 벽이 너무 높았어요. 취업 준비를 오래 하긴 부담스러워서 자의 반 타의 반으로 스타트업에 왔죠. 후회는 없어요. 방송국에서 일했다면 영수증 정리만 했을 시기에 유명 연예인을 직접 섭외해서 대박 콘텐츠도 만들어 봤거든요. 주변에서 스타트업 취업을 고민하면 적극적으로 권유하고 있어요.

막상 일해 보니 아쉬운 점도 많죠

주도적으로 일하며 내 것을 만들 수 있는 점을 스타트업의 장점으로 꼽은
만큼, 이들은 내 것이 쌓이지 않는다는 느낌이 들었을 때 퇴사나 이직을
했다. 직원에게 내 것이 쌓이지 않는 경우는 주로 창업자의 경영 능력과
관련이 있었다.

양희원(28세)

솔직히 처음 일했던 스타트업에서는 삼성 관계사를 다닐 때
보다 더 힘들었어요. 막상 일을 해보니 처음 예상했던 만큼
새로운 일을 하는 게 아니었고, 회사 경영을 걱정하는 대표
의 불안을 그대로 전달받으면서 고통스러웠거든요. 20대 중
반이었던 저를 제외한 나머지 구성원들은 대부분 30대 중후
반이었어요. 나이가 있다 보니 매달 회사에서 받아야 하는
월급을 무엇보다 중시했죠. 그래서인지 새로운 서비스를 만
들어서 성장시키기보다는 당장 돈을 버는 일을 하게 되더라
고요. 결국 남의 일을 외주로 받아서 처리하는 에이전시가
되었고, 그러면서 대표는 점점 더 불안해했죠. 툭 하면 직원
들에게 '펀딩이 바닥났다', '매출이 안 나온다'는 식의 투정을
부리더라고요. 이런 점이 정신적 스트레스로 크게 다가와서
한 차례 퇴사를 한 적이 있습니다.

정소희(33세)

저는 잠시 몸담았던 콘텐츠 스타트업에서 월급을 못 받다가 원래 자리로 돌아왔어요. 한 대기업에서 수십억의 투자를 유치했다는 소식을 듣고 고민 끝에 자리를 옮겼는데 4개월 만에 월급을 못 받는 상황에 처했어요. 회사 쪽은 이유도 제대로 설명해 주지 않았죠.

이경진(32세)

저도 소희씨와 비슷한 경험을 했어요. 출판사에서 6년간 일하고 처음으로 이직한 스타트업이 6개월 만에 폐업했거든요. 지금 돌이켜 보면, 리더가 원하는 이상향과 실제로 회사와 직원들이 해낼 수 있는 퍼포먼스의 간극이 너무 컸어요. 저는 대표의 압박을 견디다 못해 퇴사했는데, 매출이 나지 않고 후속 투자도 유치하지 못하던 그 회사는 제가 퇴사한 직후에 폐업을 했다고 전해 들었습니다.

양희원(28세)

스타트업은 성과가 잘 나오는 팀에서 일했더라도 이직을 할 때는 내 경력을 포장하고 설명하는 데 공이 많이 들어요. 그런데 이렇게 회사가 망해서 이직을 하게 되면 설득이 더 어려워요. 저는 첫 번째 스타트업을 나오기로 마음먹은 뒤로는 업무 역량을 어필할 수 있는 방법을 적극적으로 찾았어요. 일하면서 배우고 느낀 점을 글로 남겨 두기도 했고, 다음 직장을 잡는데 필요한 사이드 프로젝트도 병행했죠.

김정아(30세)

저도 요즘 이직이 고민이에요. 지금 육아 관련 스타트업을 다니는데 회사가 사업 모델을 제대로 못 찾고 있는 것 같아요. 빨리 이직을 해야 하는데, 취업 시장에서는 좋은 경력을 가진 사람이 유리하기 때문에 성과가 없는 회사에서 일했던 시간에 어떻게 의미부여를 할지 고민이 커요. 일단은 자격 요건이나 우대 사항에서 '초기 스타트업에서 일해 본 사람'이나 '책임감을 갖고 일했던 사람'을 찾는 공고를 눈여겨보고 있어요. 유명한 회사에서 성과를 냈었다고 적혀 있는 '예쁜 이력서'를 좋아하는 회사가 당연히 많겠죠. 하지만 실패한 회사에서 버텼다는 것도 엄청난 강점이라고 생각해요. 그만큼 멘탈 관리 능력이 좋고 책임감이 강하다는 뜻도 될테니까요.

국내외 유통 대기업에서 9년간 일하다 지난해 봄 스타트업으로 자리를 옮긴 임현영(33세)씨는 "스타트업들이 '스타트업 놀이'에 빠져 있는 것 같다는 생각을 종종 한다"고 말했다.

창업가 수업

임현영(33세)

'스타트업 놀이'는 '스타트업은 자유로워야 한다', '스타트업의 의사결정은 바텀업으로 이뤄져야 한다'는 강박에 빠져 있는 모습을 말해요. 예전에 근무했던 대기업과 스타트업을 비교하곤 하는데, 스타트업은 종종 기업으로서 사업을 하겠다는 구체적인 계획과 목표를 세우기보다는 '스타트업이니까 시행착오를 해도 괜찮아. 그 과정에서 얻는 게 있을 것'이라는 수준에만 머물러 있는 모습을 보이는 것 같아요. 문제가 있다면 빨리 수습하고 다시 앞으로 나아가야 하는데 말이죠. 결정권자들이 탑다운으로 판단해서 방향을 제시해야 하는 경우도 있는데 이걸 '대기업의 꼰대스러움'이라고 치부하고, '바텀업'이라며 일선 직원에게 판단을 미루는 경우도 목격합니다. 중요한 결정의 순간마다 현장에 판단을 맡겨 버리면, 직원들의 의견이 분분해지고 때로는 내부 정치도 생기더라고요. 성숙한 회사들이 이미 겪어 내고 결론을 내린 것들을 받아들이지 않으면 너무 많은 비용을 쓰게 되는 것 같다는 생각을 합니다.

계약과 관련해서는 스타트업의 결정이 과연 합리적인지 의구심이 들기도 해요. 대기업은 새로운 업체와 계약을 맺을 땐 이해관계가 없는 최소 3인의 동의를 받아서 진행한다는 아주 기본적인 규칙이 있지만 스타트업은 이런 체계가 없죠. 그러다 보니 누군가의 의견, 인맥, 사심에 의해 결정되는 것들이 많아요.

배윤경(29세)

저도 비슷한 경험이 있어요. 전에 일했던 스타트업에서 '탈출'한 이유가 창업 초기 멤버 그룹의 '친목질' 때문이었거든요. 동아리에서 발전한 회사이다 보니 사람을 뽑을 때도 아는 사람을 먼저 뽑더라고요. 업무 평가도 성과보다는 친소관계로 판단하고요. 지금도 '누구 선후배', '누구 지인'이 아닌 직원들은 입사하더라도 얼마 못 버티고 나간다는 이야기를 전해 듣고 있어요.

김정아(30세)

성평등한 근무 환경과 관련해서도 아쉬움을 느껴요. 스타트업이 특별히 더 문제라고 느낀 것은 아니지만, 그렇다고 전통 기업 등 다른 조직에 비해서 더 낫다고도 말할 수 없어요. 스타트업 취업 전 마케팅 회사에서 일하며 대기업 고객사를 상대하던 때와 비교해 보면 대기업과 스타트업이 비슷하더라고요. 창업자를 비롯해 결정권을 가지고 회사를 이끄는 시(C)레벨의 경영진들은 스타트업도 대부분 남성이거든요. 새로움을 추구하는 사람들이 모였다는 스타트업도 남성 임원 중

창업가 수업

심으로 구성되는 점은 어쩔 수 없는 부분인가 싶어 아쉬웠죠.

다음 직장도 스타트업으로 가실래요?

인터뷰에 응한 스타트업 직원 12명 중 3명은 '다음 직장도 스타트업으로 잡을지 고민이 된다'고 했다. 낮은 급여와 스타트업의 부실한 체계 등 현실적인 이유 때문이었다.

김소영(21세)

미국 대학 휴학생 신분으로 2년째 스타트업에서 일하고 있어요. 근무 경험은 정말 만족스러워요. 노력한 만큼 전부 제 경력이 되기 때문에 앞으로 먹고살 수 있는 역량을 쌓는다는 생각이 들거든요. 그래서 졸업 후에도 스타트업에 취직하고 싶지만 급여 때문에 망설여져요. 유학 생활을 하면서 부모님이 제게 큰돈을 들였는데, 스타트업에서 최소한의 돈을 받고 일하는 게 효도는 아닌 것 같다는 생각이 들거든요.

윤고은(29세)

스타트업 근무 4년째인 저는 오히려 대기업에서 일해 보고 싶단 생각이 들어요. 대기업 고객사와 업무 미팅을 하면서 이런 생각을 하게 됐어요. 주니어들만 있는 스타트업에서 계속 일하다 보니 일의 끝맺음이 서툰 점이 힘들었거든요. 제대로 된 사수가 있는 곳에서 제대로 일을 배워 보고 싶은 마음이 생겼어요. 전통적인 대기업은 조직문화가 수직적이고 경직되어 있다고들 하는데, 요즘은 꼭 그렇지도 않을 것 같더라고요. 대기업과 일하면서 요즘은 대기업도 스타트업의 아이디어를 원하고 배우려고 하는 것 같다고 느꼈어요. 수평적인 분위기도 닮아 가려고 노력하기도 하고요. 반대로 스타트업은 대기업의 체계를 배울 필요도 있죠. 결국 서로가 서로를 닮아 가게 될 테니 양쪽의 경험을 모두 다 해 보고 싶어요.

정소희(33세)

저는 지금 일하는 잡지사를 계속 다니거나 이직을 하더라도 전통 미디어 업계에 남고 싶어요. 모든 분야의 전통 산업이 요즘은 변화를 시도하고 있으니까요. 꼭 새로움을 찾아서 스타트업으로 가지 않아도 되는 것 같아요. 스타트업에 가면 새로움이 있을 줄 알았지만 오히려 부실한 경영을 겪고 깨달은 점입니다.

'스타트업 놀이' 등 부족한 점을 여럿 지적했던 임현영 씨를 포함해 나머지 9명은 다음 직장도 스타트업으로 옮길 생각이라고 했다. 혹은 창업을 하고 싶다고 말했다.

임현영(33세)

다음번에는 스타트업에서 일하더라도 대기업의 전략적 제휴를 기반으로 하는 곳에 가고 싶어요. 대기업 지분이 크게 들어와 있는 회사라면 스타트업의 경영 미숙을 당연하게 생각하지 않고 객관적인 시장 논리를 따라가는 구조일 것 같아서요. 스타트업이 일하는 방식이 못 미덥기도 하지만 그렇다고 해서 대기업으로 돌아갈 생각은 전혀 없습니다. 대기업으로 다시 가면 제가 원래 잘하던 일을 반복하는 것이니까요. 지금은 모든 산업이 온라인, 모바일로 이동하는 과도기입니다. 대기업에서 일하며 쌓은 노하우를 온라인에서 이뤄지는 사업에 어떻게 옮길지 고민하며 제가 가진 역량을 제대로 활용할 수 있는 더 큰 기회를 엿보고 싶어요.

김한솔(31세)

제가 직장을 선택하는 기준은 두 가지예요. 대표가 어떤 사람인가? 내가 주도적으로 일할 수 있는 회사인가? 이 두 가지를 충족시켜 줄 수 있는 회사라면 어디든 갈 수 있어요. 그런데 대기업은 애초에 가고 싶은 생각이 없고, IT 회사나 스타트업이라도 규모가 큰 회사라면 이런 조건을 채워 줄 수 없을 것 같아요. 개인적으로는 발 빠르게 움직이고 스스로 동기부여를 지속하는 사람이 되고 싶고, 이런 저 자신과 조직이 함께 성장할 수 있는 곳을 선택할 것 같습니다. 아니면 그런 회사를 직접 만들거나요.

에필로그

기자라면 기사 아이디어가 떠올랐을 때 주저하지 않고 쓰는 사람이어야겠지만, 솔직히 기삿거리를 손에 쥐고도 '쓸까 말까' 망설일 때도 있습니다(많다고 해야 하나 잠시 고민이 됩니다). 2020년 봄에서 여름으로 넘어갈 즈음, 〈한겨레〉 편집국에서 현장 기자들에게 디지털 기획기사 코너를 발제하라고 했을 때도 그랬습니다. '기획 코너 발제' 하고 싶은 마음 반, 안 하고 싶은 마음 반. 매일매일 처리해야 하는 일만으로도 충분히 벅찬데, 기획기사 코너를 시작하면 '쉬는 날 반납'이 확실했으니까요. 워라밸을 고려한다면 새로운 기획은 안 벌리는 게 합리적인 선택이었을 것입니다.

하지만 마음 저편에서는 또 다른 목소리가 들려왔습니다. '궁금한 것도, 말하고 싶은 것도 많았던 거 아니었어? 기회가 열렸는데 그냥 지나칠 거야?' 두 마음이 치열하게 싸웠는지, 한쪽이 싱겁게 이겼는지, 지금은 잘 기억나지 않습니다. 그렇지만 이 책이 세상에 나온 걸 보면 둘 중 무엇이 이겼는지 굳이 말할 필요가 없겠죠. 17명의 스타트업 창업자를 만난 여정은 그렇게 시작됐습니다.

경제는 명확하고 냉정한 숫자의 세계입니다. 숫자에 밝은 것은 이제 더는 흠이 아니고, 오히려 미덕인 세상이 되었습니다. 하지만 저는 이제껏 살면서 숫자와 친해 본 적도, 관심을 가져 본 적도 없었습니다. 2019년 가을, 〈한겨레〉 경제산업부로 발령을 받앉을 때 '어떻게 살아남을 수 있을까' 걱정이 이만저만이 아니었습니다. 그치만 막상 숫자의 세계에 발을 디뎌 보니 결국 숫자도 다 사람이 만드는 것이었습니다. 그래서 궁금해졌습니다. 숫자의 세계를 만드는 사람들은 어떤 사람들일까?

사실 인터뷰 시리즈를 연재할 때 저는 직장인 3~4년 차 쯤 되면 찾아온다는 '직춘기'(직장인+사춘기)를 겪었습니다. 어떻게 해야 일을 잘할 수 있고, 미래를 대비할 수 있을까? 회사 일을 하다 보면 누구나 하는 고민을 저도 피해 가지 못했습니다. IT 스타트업을 취재하는 동안에는 솔직히 부러운 마음도 많이 들었습니다. IT 담당 기자는 화려하고 역동적인 기업들을 가까이서 지켜보는 행운이 주어진 자리인 줄 알았는데. 취재를 하면 할수록, 젊고 반짝이는 IT 스타트업이 이뤄 내는 '로켓 성장'과 전통 기업인 언론사들이 수년째 디지털 전환에 고전하는 모습이 끊임없이 비교됐습니다. '이렇게 일해도 미래에 살아남을 수 있을까' 걱정이 되면서 부럽고 샘도 나서 속이 꽤나 쓰렸습니다.

내가 서 있는 자리에서 일을 통해 작은 변화라도 이뤄 보고 싶다는 생각은 2030 직장인, 예비 창업자라면 누구나 해 봤을 것입니다. 흔히 MZ세대는 워라밸을 쫓고 가성비를 따지는 세대라고 규정되곤 합니다. 하지만 제 주변의 많은 MZ세대 친구들은 얼마든지 일에 열정을 바칠 준비가 되어 있지만, 아무도 그 방법을 알려 주지 않아서 헤매고 있는 것처럼 보였습니다. 2020년 어느 초겨울 아침 출근길, 학창시절 친구 한 명이 "혁신탐구생활 인터뷰 기사를 재밌게 읽고 있고, 덕분에 그중 한 스타트업에 취업을 했다"는 카카오톡 메시지를 보내줬을 때, 즐겁고 열정적으로 일하고 싶은 MZ세대가 보이지 않는 곳에 많이 있을 것이라고 근거 있는 확신을 할 수 있었습니다.

이 책은 제가 던진 질문에 누군가가 답을 해줬기 때문에 세상에 나올 수 있었습니다. 무턱대고 들이민 인터뷰 요청에 시간을 내어 응해 주신 17명의 창업자와 11명의 전문가분들께 머리 숙여 감사의 말씀을 드립니다. 날것의 이야기를 콘텐츠로 만드는 데에도 많은 분들의 도움이 있었습니다. 고민도 욕심도 많은 팀 막내가 그저 의욕만 가지고 분량이 적지 않은 인터뷰 코너를 벌였는데, 매일매일 쏟아지는 기사를 데스킹하면서도 최우성 부장님과 김경락 팀장님께서는 수십 매짜리 기사를 애정을 갖고 봐주셨습니다. 너무 늦었지만 진심으로 감사했습니다. 글만으로는 부족한 인터뷰가 생동감을 가질 수 있도록 현장의 모습을 멋지게 담아 주신 사진부 선배들께도 감사의 말씀을 드립니다. 기사가 한 편씩 나갈 때마다 잘 읽었다고, 재미있었다고 말씀해 주신 〈한겨레〉 안팎의 선후배 동료 기자분들의 응원은 정말 큰 힘이 됐습니다. 낱개의 기사로 끝날 수 있던 이야기를 책으로 엮어 의미를 부여할 수 있도록 해 주신 생각의힘 출판사에도 깊이 감사드립니다. 일일이 열거할 수 없는 많은 분들의 도움 덕분에 책을 완성할 수 있었습니다. 마지막으로 언제나 커다란 위로와 용기를 무한히 보내 주는 가족들에게도 고맙고 사랑한다는 말을 전합니다.

창업가 수업

오늘보다 내일이 더 기대되는 스타트업 17

1판 1쇄 펴냄 | 2022년 4월 15일

지은이 | 최민영
발행인 | 김병준
편 집 | 박강민
디자인 | 최초아
마케팅 | 정현우 · 차현지
발행처 | 생각의힘

등록 | 2011. 10. 27. 제406-2011-000127호
주소 | 서울시 마포구 독막로6길 11, 우대빌딩 2, 3층
전화 | 02-6925-4184(편집), 02-6925-4188(영업)
팩스 | 02-6925-4182
전자우편 | tpbook1@tpbook.co.kr
홈페이지 | www.tpbook.co.kr

ISBN 979-11-90955-58-4 (03320)